ラクに楽しく1時間

小学校 ラクイチ 授業プラン

低学年

ラクイチ授業研究会 編

学事出版

まえがき

この本は、「ラクに楽しく１時間」をコンセプトにした、これまでにないタイプの授業プラン集です。ラクイチ中学シリーズに続いての刊行になります。

教師生活をしていくと、明日の授業準備が追いつかない、次の１時間を何とか乗り切らなければならない、といったピンチに陥ることがあります。原因は様々ですが、急に授業の代行をお願いされた、保護者対応や生徒指導に時間をとられてしまった、行事に追われて忙しい、などの理由があります。ただでさえ、ほとんどの教科を担任が教えている小学校教諭は、このピンチに陥ることが多いのではないでしょうか。

本書で紹介している「ラクイチ授業プラン」は、まさにこのような場合にうってつけのものばかりです。準備の手間は少なく、様々な切り口から１時間を実りあるものにできる授業プランを集めてあります。全国の先生方にお声がけし、授業案とワークシートを持ち寄り、議論、校正を重ねたものです。ラクイチ授業プランの条件は以下の３つです。

1　１時間で完結する
2　準備に時間がかからない
3　誰でも実践できる

この授業プランは、単に急場をしのぐだけではなく、もっと積極的な使い方もできると考えられます。例えば、教科書での学習を終えた後に発展課題や理解の確認として活用する、まとめに取り入れる等、様々な場面で使うことができます。

本書の役割は主に２つに分けることができます。

１つは、「非常食」としての役割です。普段は職員室に置いておき、いざ時間がない、となればこの本を開いて、使えそうな授業プランを探してみてください。何かヒントになるはずです。また、いくら急場をしのぐプランとはいえ、先生も児童も笑顔で１時間を過ごし、授業のねらいが達成できるならば、それに越したことはありません。そのような気持ちで著者一同執筆しています。いわば「おいしい非常食」を目指したつもりです。

もう１つは「レシピ集」としての役割です。本書に載せている授業プランは、あくまで一例。掲載された事例を参考にしながら、さらにアレンジを加えることができます。学事出版のホームページからワークシートのデータをダウンロードして、先生方のクラスの実態に合わせて編集をして使っていただけます。そして、全く新しい料理（授業）を創作することも可能です。

毎日の１時間を実りある物にしていくことはもちろん大切ですが、それと同じくらい教師が授業を楽しむことも大切だと考えています。本書に載っている授業プランには児童の豊かな発想を表現するものが多くあります。そんな発想を楽しむゆとりをもっていただけたらと思っています。

校種を越えたラクイチの輪がさらに広がっていくことを願い、まえがきとさせていただきます。

ラクイチ授業研究会　小学校代表　田中 直毅

本書の使い方

タイトル

授業の概要とねらい

教科

ページ

国語 8

1 どこにあるかな

何（誰）が、どこに、どうした、の語順で文を構成する学習です。絵のなかにあるものが、どこにあるのかを正しく認識し、正確に伝えられるよう反復して学習します。慣れてきたら、絵本や教科書の挿絵でも同様の活動ができます。

準備するもの 教師：ワークシート　児童：色鉛筆

00分　趣旨を説明する

▶（教卓の上に教科書を置いて）教科書はどこにありますか

教卓の上にあります。教室にあります

▶物の場所を正しく言う練習をしましょう

05分　ワークシートを受け取り、活動を開始する

▶たくさん書ける人は、ワークシートの裏にも書きましょう

25分　ペアで共有する

▶隣同士で正しく文が書けているか確かめましょう

30分　問題を出し合う

スプーンはどこにありますか

スプーンは、コップの中にあります

本はどこにありますか

45分

ポイント

・早くできている児童には、色塗りをさせて待たせるとざわざわしません。
・情報が多くて、文が考えられない児童には、一部分だけを切り取って、見る情報を少なくすると取り組みやすくなります。

●参考文献・先行実践
ウォルター・ウィック訳 糸井重里「チャレンジ ミッケ！ 1おもちゃばこ」（小学館、2005年）

準備するもの：ワークシートは右ページを印刷して使うか、ダウンロードして使ってください

タイムライン：45分の授業の流れを示しています目安にしてください

活動内容：教師・児童の活動を示しています
…教師が行うこと
…児童個人で行う活動
…グループで行う活動

教師の声かけ例を示しています吹き出しは生徒の発言例です

ポイント：授業を行う上での注意点や展開例をまとめています

参考文献・先行実践

小学校ラクイチ授業プラン《低学年》

―もくじ―

〈付録 & コラム〉

本書でよく使われる活動

●ギャラリーウォーク〔準備物：小さいマグネット（人数分）〕

手 順
・完成した作品を、マグネットを用いて黒板に貼っていく。
・児童は自由に見てまわる。

アレンジ
・マスキングテープなどを利用し、教室の壁や廊下に貼っていく。広めのギャラリーウォークになる。
・机の上に置いておき、見てまわるだけでもよい。

フォレスタネットとのコラボレーション
―本書が生まれた経緯―

本書は「授業準備のための情報サイト　フォレスタネット」の全面協力の下、生まれました。「フォレスタネット」は全国の先生方が指導案や授業展開、生徒指導の工夫などのアイデアを共有することで、普段の授業準備の効率化を図る、日本最大級の教育実践共有サイトです。この「フォレスタネット」と、学事出版の「ラクイチシリーズ」のコンセプトが合致したことから、今回の企画がスタートしました。

本書を作るにあたり、フォレスタネットで活躍されていて、「ラクイチ」のコンセプトに賛同してくださった先生方に、授業案やワークシートの執筆をお願いしました。そのなかでたくさんの授業案を考えてくださった田中直毅先生には、小学校編の執筆代表を引き受けていただきました。また、「フォレスタネット selection シリーズ（フォレスタネットに投稿された実践をまとめた書籍、スプリックス社）」に掲載された実践のなかから、投稿者の先生にご協力いただき、本書用にアレンジした授業案も載せています。執筆者の先生や授業案をご提供くださった先生は、フォレスタネットに日々の実践を投稿し高い支持を得ている方々ばかりです。

本書の製作に協力してくださった先生方、島貫良多さんをはじめとするフォレスタネットの関係者のみなさまにお礼を申し上げます。

ラクイチ授業プラン 監修　**関 康平**

フォレスタネット▶

「ラクイチ授業プラン」特設ページについての紹介は 56 ページをご覧ください。

1章 国語

1 どこにあるかな

何（誰）が、どこに、どうした、の語順で文を構成する学習です。絵のなかにあるものが、どこにあるのかを正しく認識し、正確に伝えられるよう反復して学習します。慣れてきたら、絵本や教科書の挿絵でも同様の活動ができます。

準備するもの 教師：ワークシート　児童：色鉛筆

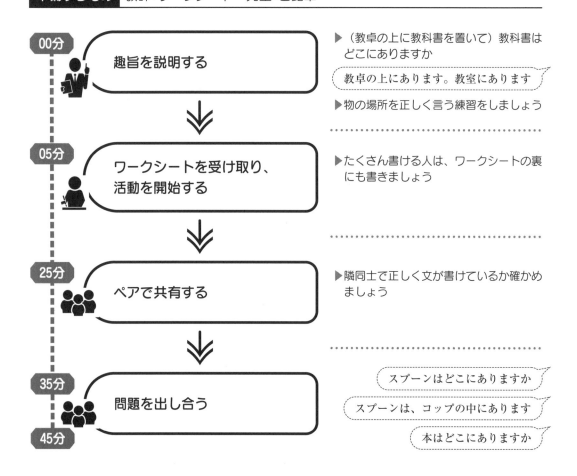

00分　趣旨を説明する

▶（教卓の上に教科書を置いて）教科書はどこにありますか

教卓の上にあります。教室にあります

▶物の場所を正しく言う練習をしましょう

05分　ワークシートを受け取り、活動を開始する

▶たくさん書ける人は、ワークシートの裏にも書きましょう

25分　ペアで共有する

▶隣同士で正しく文が書けているか確かめましょう

35分　問題を出し合う

スプーンはどこにありますか

スプーンは、コップの中にあります

本はどこにありますか

45分

ポイント

・早くできている児童には、色塗りをさせて待たせるとざわざわしません。
・情報が多くて、文が考えられない児童には、一部分だけを切り取って、見る情報を少なくすると取り組みやすくなります。

●参考文献・先行実践

ウォルター・ウィック訳 糸井重里『チャレンジ ミッケ！ 1おもちゃばこ』（小学館、2005年）

どこにあるかな

くみ（　　）　ばんごう（　　）　なまえ（　　　　　　　　　　）

◆えを見て、文をつくりましょう。

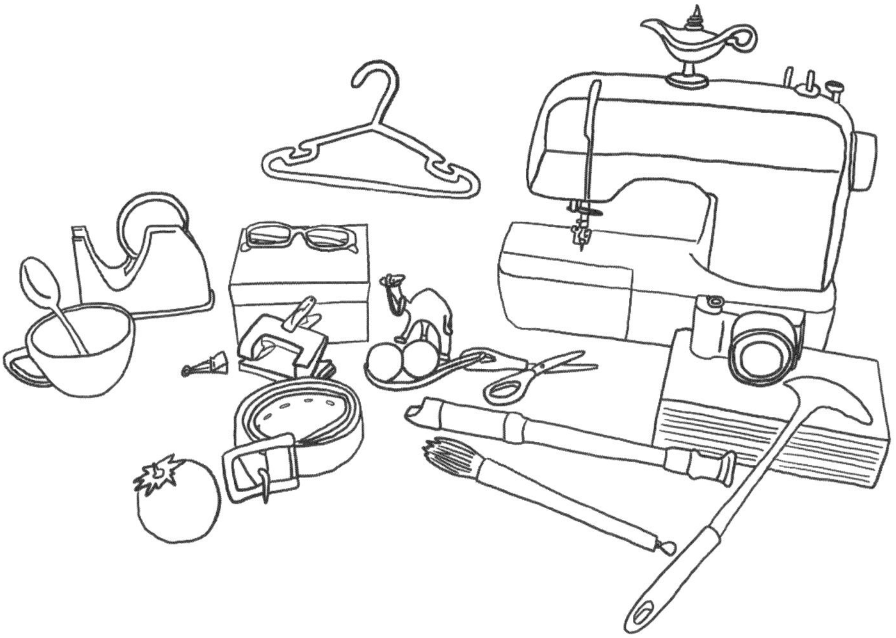

<れい>　カメラは、本の上にあります。

つかってみましょう。　～の上に、～の下に、～の中に、～のよこに、～のそばに

①スプーンは、　　　　　　　　　　　　にあります。

②

③

④

⑤

⑥

2 たべもの3ヒントクイズ

食べ物を題材に、3ヒントクイズを作ります。食べ物の特徴を捉え、いろいろな食べ物に当てはまるヒントから、徐々に絞っていけるように順番を考えてヒントを並べます。特徴を表す言葉の語彙を増やすことをねらいとしています。

準備するもの 教師:ワークシート

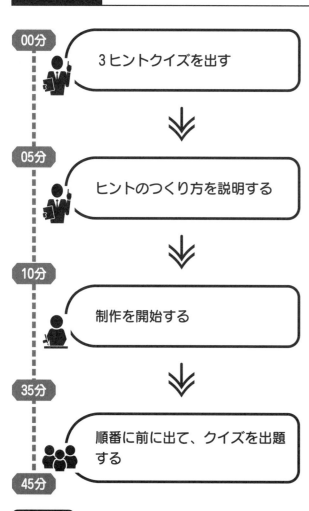

00分 3ヒントクイズを出す

▶いまから出す、3つのヒントで、先生が考えている食べ物を当てましょう

▶これは果物です。これの形は丸いです。これの色は紫です。これは何でしょう

（ぶどうです）

05分 ヒントのつくり方を説明する

▶「ぶどう」だと、他にはどんなヒントが考えられますか

（すっぱい、小さくてたくさん）

▶ヒントを書くときは、わかりにくいものから書いていきましょう

10分 制作を開始する

▶こたえの食べ物を考えてから3ヒントクイズにしましょう

▶ヒントを3つ目まで聞いて、答えがわかるようになるといいですね

ヒントの例（色・形・味・手触り・におい・使われている材料）

▶早く終わったら、その食べ物の絵を描きましょう

35分 順番に前に出て、クイズを出題する

▶では、○○さんからクイズを出してもらいます

45分

ポイント

・ヒントを発表させるときは、「青」だけでなく、「これの色は青色です」と、文になるように考えさせると、聞きやすい発表になります。

●**参考文献・先行実践**
ラクイチ授業研究会編『中学社会ラクイチ授業プラン』（学事出版、2018年）

たべもの3ヒントクイズ

くみ（　　　）ばんごう　（　　　）なまえ（　　　　　　　　　　　）

れい

ヒント1 くだもの
ヒント2 まるい
ヒント3 むらさき
たべものの　え

ヒント1
ヒント2
ヒント3
たべものの　え

ヒント1
ヒント2
ヒント3
たべものの　え

ヒント1
ヒント2
ヒント3
たべものの　え

3 マップでじこしょうかい

ウェビングマップを使って行う自己紹介です。真ん中の「わたし」から線を広げていくことで、伝えたいことを可視化します。伝えたいことの順番を考えて話すことをねらいとしています。

準備するもの 教師：ワークシート

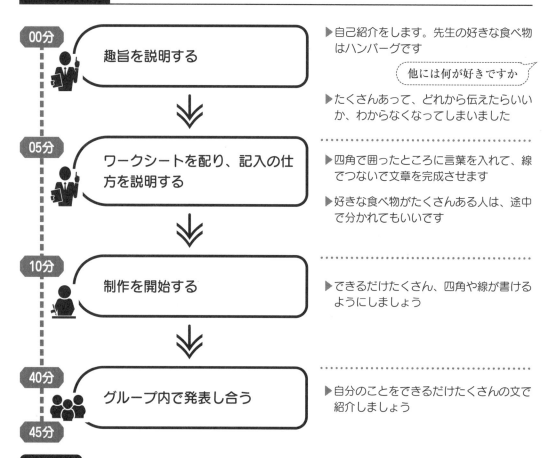

00分 趣旨を説明する

▶自己紹介をします。先生の好きな食べ物はハンバーグです

他には何が好きですか

▶たくさんあって、どれから伝えたらいいか、わからなくなってしまいました

05分 ワークシートを配り、記入の仕方を説明する

▶四角で囲ったところに言葉を入れて、線でつないで文章を完成させます

▶好きな食べ物がたくさんある人は、途中で分かれてもいいです

10分 制作を開始する

▶できるだけたくさん、四角や線が書けるようにしましょう

40分 グループ内で発表し合う

▶自分のことをできるだけたくさんの文で紹介しましょう

45分

ポイント

・ワークシートに例で記入している部分は、児童の実態に応じて、追加したり削除したりしてください。
・ワークシートに「なぜかというと」や「わけは」などを加えるとより詳しく自己紹介ができます。

●参考文献・先行実践
ラクイチ授業研究会編『中学英語ラクイチ授業プラン』（学事出版、2018年）
新潟大学教育学部附属新潟小学校『ICT ×思考ツールでつくる「主体的・対話的で深い学び」を促す授業』（小学館、2017年）

マップでじこしょうかい

くみ（　　　）　ばんごう（　　　）なまえ（　　　　　　　　　　　）

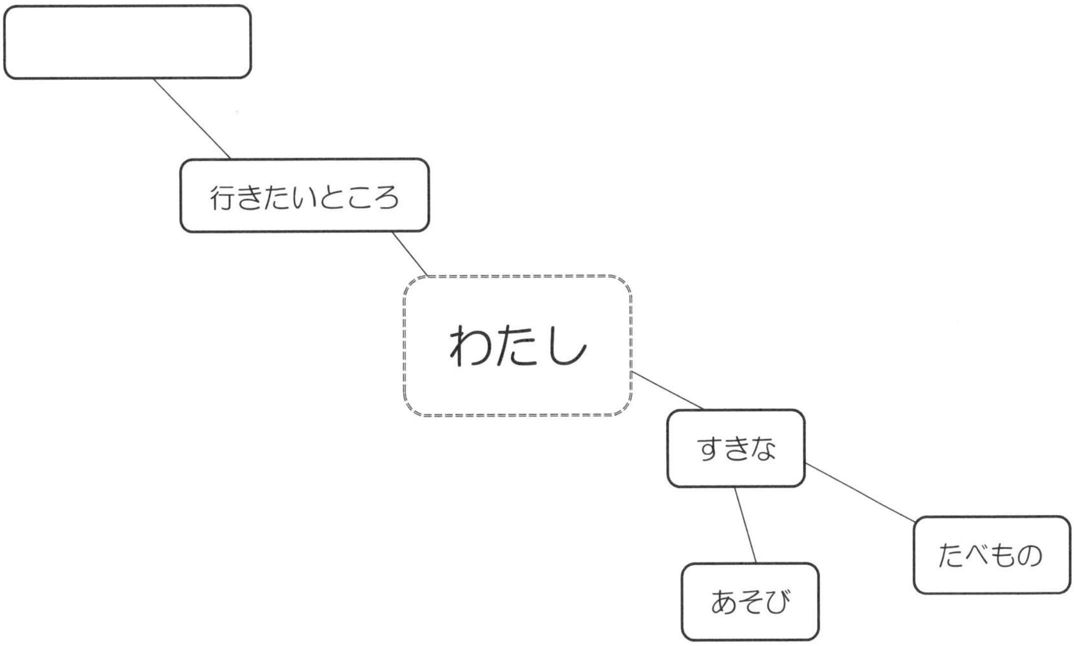

4 あいうえおはなし

ひらがなを学習した後に、同じ文字から始まる言葉を集めて、つなげて文章にします。名詞だけでなく動詞も考えさせることで、主語と述語を意識することができます。できるだけたくさんの言葉を集めることで、語彙を増やします。

準備するもの 教師:ワークシート

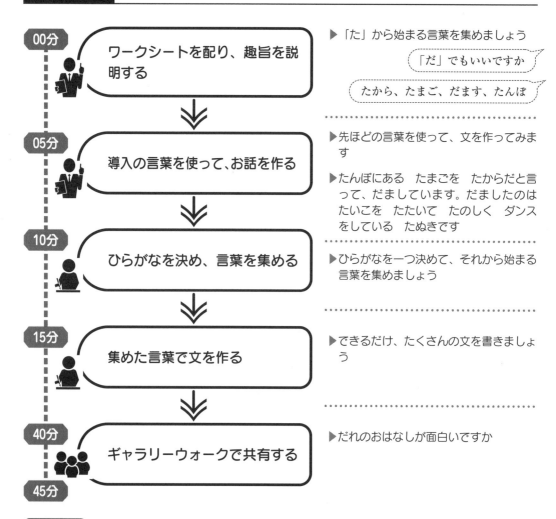

00分 ワークシートを配り、趣旨を説明する

▶「た」から始まる言葉を集めましょう

「だ」でもいいですか

たから、たまご、だます、たんぼ

05分 導入の言葉を使って、お話を作る

▶先ほどの言葉を使って、文を作ってみます

▶たんぼにある　たまごを　たからだと言って、だましています。だましたのは　たいこを　たたいて　たのしく　ダンスをしている　たぬきです

10分 ひらがなを決め、言葉を集める

▶ひらがなを一つ決めて、それから始まる言葉を集めましょう

15分 集めた言葉で文を作る

▶できるだけ、たくさんの文を書きましょう

40分 ギャラリーウォークで共有する

▶だれのおはなしが面白いですか

45分

ポイント

・出した単語の中で、主語に使えるものと述語に使えるものに分けると、おはなしが作りやすくなります。

●**参考文献・先行実践**
寺村輝夫『あいうえおうさま』(理論社、1979年)

あいうえおはなし

くみ（　　）　ばんごう（　　）　なまえ（　　　　　　　　　　）

◆ひらがなをきめて、ことばをあつめましょう。

きめたひらがな	あつめたことば

◆あつめたことばで、おはなしをつくりましょう。

5 50音しりとり

ひらがなの学習をしたあとに、50音を使ってしりとりを行います。しりとりを行うことで楽しみながら習熟を図ると共に、語彙を増やすこともできます。

準備するもの 教師:ワークシート(複数枚)

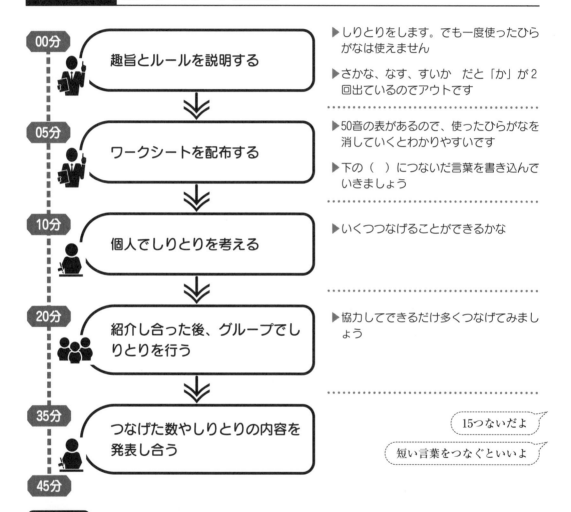

00分 趣旨とルールを説明する

▶しりとりをします。でも一度使ったひらがなは使えません

▶さかな、なす、すいか　だと「か」が2回出ているのでアウトです

05分 ワークシートを配布する

▶50音の表があるので、使ったひらがなを消していくとわかりやすいです

▶下の（　）につないだ言葉を書き込んでいきましょう

10分 個人でしりとりを考える

▶いくつつなげることができるかな

20分 紹介し合った後、グループでしりとりを行う

▶協力してできるだけ多くつなげてみましょう

35分 つなげた数やしりとりの内容を発表し合う

15つないだよ

短い言葉をつなぐといいよ

45分

ポイント

・しりとりなので終わりの文字は2回出てきます。
・濁音、半濁音、拗音、促音の扱いは、はじめにルールを決めてください。
・個人→グループ→全体と広げていくと多くの言葉に触れることができます。
・「同じひらがなは、グループで1回ずつしか使えない」というルールにすると、より難しいゲームが楽しめます。

５０音しりとり

くみ（　　）　ばんごう（　　）　なまえ（　　　　　　　　　　）

わ	ら	や	ま	は	な	た	さ	か	あ
	り		み	ひ	に	ち	し	き	い
を	る	ゆ	む	ふ	ぬ	つ	す	く	う
	れ		め	へ	ね	て	せ	け	え
ん	ろ	よ	も	ほ	の	と	そ	こ	お

1　　　　　　　　　　2　　　　　　　　　　3

（　　　　　　　　）→（　　　　　　　　）→（　　　　　　　　）→

4　　　　　　　　　　5　　　　　　　　　　6

（　　　　　　　　）→（　　　　　　　　）→（　　　　　　　　）→

7　　　　　　　　　　8　　　　　　　　　　9

（　　　　　　　　）→（　　　　　　　　）→（　　　　　　　　）→

１０　　　　　　　　　１１　　　　　　　　　１２

（　　　　　　　　）→（　　　　　　　　）→（　　　　　　　　）→

１３　　　　　　　　　１４　　　　　　　　　１５

（　　　　　　　　）→（　　　　　　　　）→（　　　　　　　　）→

6 いみちがいことば

「とる」「ひく」「かける」のような言葉は漢字で表すと意味の違いがよくわかりますが、ひらがなで書いたときには、前後の文から判断することが必要です。動詞で、同じ音でも意味の違う言葉にはどのようなものがあるかを見つける活動です。

準備するもの 教師：ワークシート

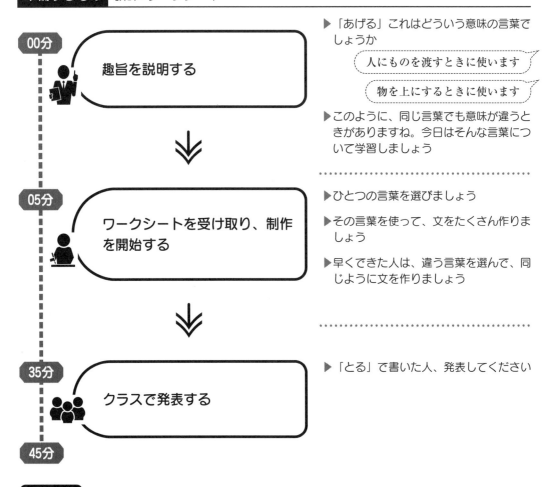

00分 趣旨を説明する

▶「あげる」これはどういう意味の言葉でしょうか

人にものを渡すときに使います

物を上にするときに使います

▶このように、同じ言葉でも意味が違うときがありますね。今日はそんな言葉について学習しましょう

05分 ワークシートを受け取り、制作を開始する

▶ひとつの言葉を選びましょう

▶その言葉を使って、文をたくさん作りましょう

▶早くできた人は、違う言葉を選んで、同じように文を作りましょう

35分 クラスで発表する

▶「とる」で書いた人、発表してください

45分

ポイント

・動詞の例：とる、ひく、かける、あげる、うつ、かえる、しめる、とく、はかる、ふくなど。

●参考文献・先行実践
青山由紀『絵音ブックス　ことばのびっくりばこ』（学事出版、2007年）

いみちがいことば

くみ（　　）　ばんごう（　　）　なまえ（　　　　　　　　）

◆えらんだことばに○をつけましょう。

とる　ひく　うつ　ふく
かける　かえる　しめる
とく　はかる

〈れい〉

あげる

気分をあげる
プレゼントをあげる
手をあげる
天ぷらをあげる

7 かん字のなかまをあつめよう

学年が進むにつれ、学習する漢字が多くなり、間違えて覚えてしまうことも多くなってきます。そこで、似ている漢字で仲間を作ることにより、その漢字の意味や読みを習得させていきます。

準備するもの 教師：ワークシート　児童：国語の教科書

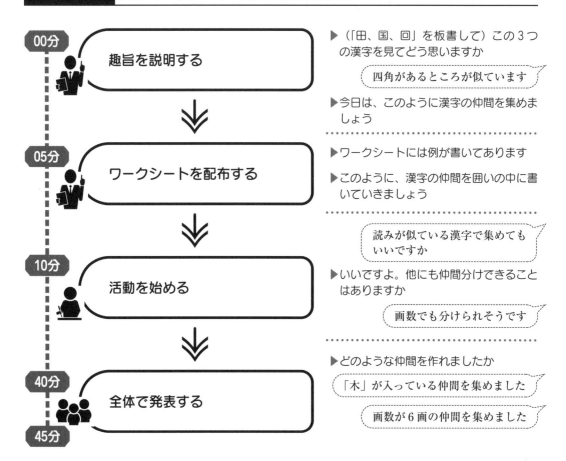

00分 趣旨を説明する

▶（「田、国、回」を板書して）この3つの漢字を見てどう思いますか

（四角があるところが似ています）

▶今日は、このように漢字の仲間を集めましょう

05分 ワークシートを配布する

▶ワークシートには例が書いてあります

▶このように、漢字の仲間を囲いの中に書いていきましょう

（読みが似ている漢字で集めてもいいですか）

10分 活動を始める

▶いいですよ。他にも仲間分けできることはありますか

（画数でも分けられそうです）

40分 全体で発表する

▶どのような仲間を作れましたか

（「木」が入っている仲間を集めました）

（画数が6画の仲間を集めました）

45分

ポイント

・「横棒が入っている」などにすると、ほとんど全部が当てはまってしまうので、最初に注意を促します。
・仲間分けの例「同じ形が入っている」「画数が同じ」「読みが同じ」など。

●**参考文献・先行実践**
教育技術編集部『小二教育技術2017年1月号』（小学館、2016年）

かん字のなかまをあつめよう

くみ（　　　）　ばんごう（　　　）なまえ（　　　　　　　　　　　）

<れい>

なかま【　口が入っている　】

田　国　回

なかま【　　　　　　　　　】

なかま【　　　　　　　　　】

なかま【　　　　　　　　　】

なかま【　　　　　　　　　】

8 今週のニュース

普段の生活から話題にしたい場面を見つけ出し、それをニュースとして絵と文で表現する活動です。文を「事実」と「感想」の２文とすることで、文章構成を学ぶ機会とします。また、ニュースを読むことで声に出して伝える活動にもなっています。

準備するもの 教師：ワークシート　児童：色鉛筆

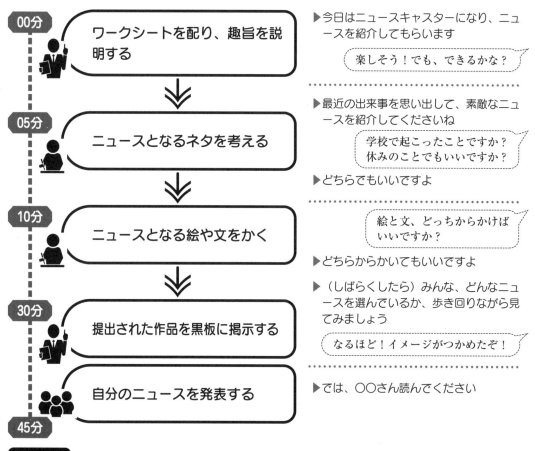

00分 ワークシートを配り、趣旨を説明する

▶今日はニュースキャスターになり、ニュースを紹介してもらいます

楽しそう！でも、できるかな？

05分 ニュースとなるネタを考える

▶最近の出来事を思い出して、素敵なニュースを紹介してくださいね

学校で起こったことですか？
休みのことでもいいですか？

▶どちらでもいいですよ

10分 ニュースとなる絵や文をかく

絵と文、どっちからかけばいいですか？

▶どちらからかいてもいいですよ

▶（しばらくしたら）みんな、どんなニュースを選んでいるか、歩き回りながら見てみましょう

なるほど！イメージがつかめたぞ！

30分 提出された作品を黒板に掲示する

自分のニュースを発表する

▶では、○○さん読んでください

45分

ポイント

・作品作りのイメージを持ちにくい児童も考えられるので、適宜立ち歩きを認めると、安心して活動できます。
・文を書く際は「事実」と「感想」を分けて構成することで、伝わりやすくなることを伝えます。

●**参考文献・先行実践**
小貫悟・桂聖『授業のユニバーサルデザイン入門』（東洋館出版社、2014年）

今週のニュース

くみ（　　）　ばんごう（　　）　なまえ（　　　　　　）

◆ニュースをさがして、
絵（え）と文（ぶん）をかきましょう。

〈じじつ〉

〈かんそう〉

9 お話クイズ

これまで学習してきた物語からクイズを作り、グループや全体でクイズを出し合う活動です。クイズを出題するために正確な読み取りが必要となります。また、相手に伝わるようわかりやすい文を書く機会にもなります。

準備するもの 教師:ワークシート

00分 お話クイズ例を出しながら、趣旨を説明する

▶これからクイズを出します

（やった！早くやりたい！）

▶かえるくんは、誰にお手紙をお願いしたでしょうか

（かたつむりくんだ！）

05分 お話クイズを考える

▶みんなにも、お話クイズを作ってもらいたいけど、できますか？

（できるできる！）

▶簡単な問題なら☆1つ、難しければ☆3つ塗りましょう

20分 グループでクイズを出し合う

▶同じ班でまとまり、お話クイズを出し合いましょう

▶班長が一番始めにクイズを出してください

▶その後、時計回りで出し合ってください

30分 全体で共有する

▶今度は、みんなでお話クイズを出し合いましょう

45分

ポイント

- 前学年で学習した物語から選んでもよいことを伝えると、選択肢が広がって活動しやすくなります。
- 登場人物について、お話の流れについて、などテーマを限定すると書きやすくなります。

●**参考文献・先行実践**

桂聖編著　授業のユニバーサルデザイン研究会沖縄支部著『教材に「しかけ」をつくる国語授業10の方法 文学アイデア50』（東洋館出版社、2013年）

お話クイズ

くみ（　）　ばんごう（　）　なまえ（　）

◆いままで学習してきたお話から、クイズを作りましょう。

もんだい１　☆☆☆

こたえ

もんだい２　☆☆☆

こたえ

10 おふろに入ってくやしいです？

気持ちを表す言葉を使って短文を作る活動です。場面に応じた適切な言葉を選ぶことで、語彙力を高めるとともに、気持ちを伝える文を書く機会とします。

準備するもの 教師：ワークシート

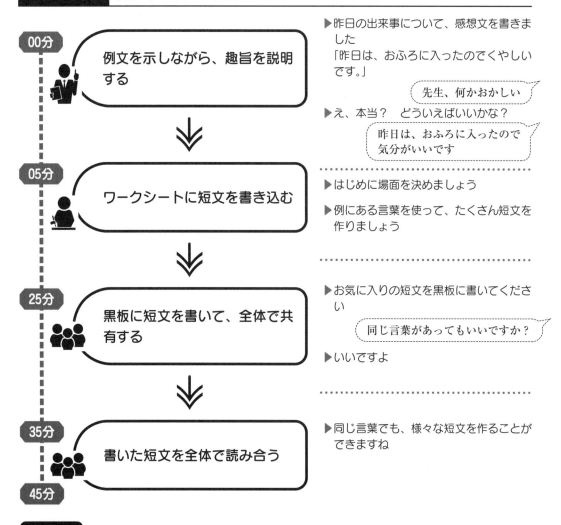

00分 例文を示しながら、趣旨を説明する

▶昨日の出来事について、感想文を書きました
「昨日は、おふろに入ったのでくやしいです。」

先生、何かおかしい

▶え、本当？　どういえばいいかな？

昨日は、おふろに入ったので気分がいいです

05分 ワークシートに短文を書き込む

▶はじめに場面を決めましょう

▶例にある言葉を使って、たくさん短文を作りましょう

25分 黒板に短文を書いて、全体で共有する

▶お気に入りの短文を黒板に書いてください

同じ言葉があってもいいですか？

▶いいですよ

35分 書いた短文を全体で読み合う

▶同じ言葉でも、様々な短文を作ることができますね

45分

ポイント

・短文作りに苦労している児童については、出来事に対する気持ちを聞きながら、その気持ちの表し方に似ている言葉を探すよう促してみてください。
・初めの例のようにわざと間違った使い方を書かせても楽しい活動になります。
・教科書の巻末に掲載されている資料（例：「ことばのたからばこ」『小学校国語２年』光村図書出版）などを活用すると、言葉の選択肢が広がります。

おふろに入ってくやしいですか？

くみ（　　）　ばんごう（　　）　なまえ（　　　　　　　　　　）

◆まちがったつかい方をしていることばを見つけましょう。

（一）そのことばを二じゅうせんでけしましょう。

（二）「ことばのはこ」から、正しいことばを見つけ、となりに書きましょう。

ぼくは、きのうおふろに入ったので、くやしいです。

◆「ことばのはこ」の中のことばをつかって、文を作りましょう。

◆友だちが作った文で、「いいな」と思った文を書きましょう。

ことばのはこ

うれしい　たのしい　くやしい　かなしい　さびしい
こわい　きぶんがいい　くるしい　おもしろい　つまらない

11 かん字でビンゴ

習った漢字を使ってビンゴを行います。ゲームを通して既習の漢字の復習ができるので、自然と漢字が身についていきます。

準備するもの 教師：ワークシート

00分 漢字の復習を行う

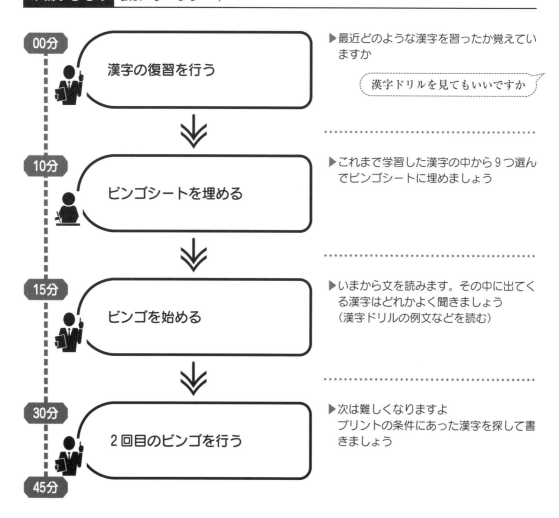

▶最近どのような漢字を習ったか覚えていますか

（漢字ドリルを見てもいいですか）

10分 ビンゴシートを埋める

▶これまで学習した漢字の中から９つ選んでビンゴシートに埋めましょう

15分 ビンゴを始める

▶いまから文を読みます。その中に出てくる漢字はどれかよく聞きましょう
（漢字ドリルの例文などを読む）

30分 ２回目のビンゴを行う

▶次は難しくなりますよ
プリントの条件にあった漢字を探して書きましょう

45分

ポイント

・１回目は漢字ドリルや教科書のページを限定し、その中から選ばせるとやりやすくなります。
・２回目はゲームの要素を増やしていきます。

かん字でビンゴ

くみ（　　）　ばんごう（　　）　なまえ（　　　　　　　　　　）

◆これまでに習ったかん字を使ってビンゴを行います。
楽しみながらかん字のふく習をしましょう！

【１回目】

【２回目】

どうぶつ	かず	からだ
からだ		しぜん
いろ	うごき	どうぶつ

12 かん字テストをつくろう

自分で漢字テストを作ることで、主体的に漢字を学び習熟を図ることにつながります。自分で漢字テストのテーマを決めるという活動を加えることで、興味を持って取り組むことができます。

準備するもの 教師：ワークシート（複数枚）

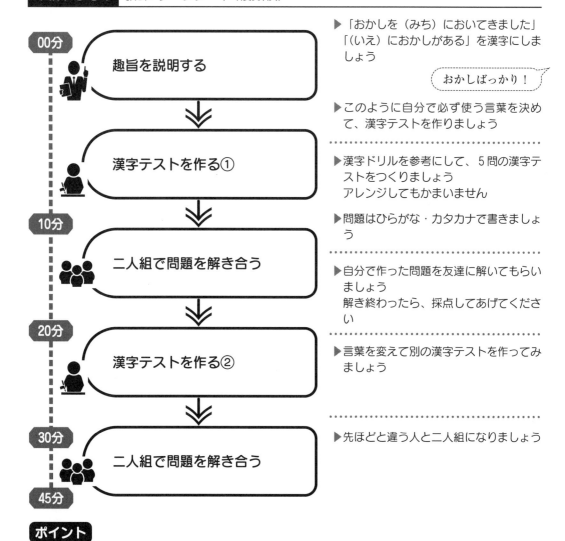

00分 趣旨を説明する

▶「おかしを（みち）においてきました」「（いえ）におかしがある」を漢字にしましょう

おかしばっかり！

▶このように自分で必ず使う言葉を決めて、漢字テストを作りましょう

漢字テストを作る①

▶漢字ドリルを参考にして、5問の漢字テストをつくりましょう
アレンジしてもかまいません

10分

▶問題はひらがな・カタカナで書きましょう

二人組で問題を解き合う

▶自分で作った問題を友達に解いてもらいましょう
解き終わったら、採点してあげてください

20分 漢字テストを作る②

▶言葉を変えて別の漢字テストを作ってみましょう

30分 二人組で問題を解き合う

▶先ほどと違う人と二人組になりましょう

45分

ポイント

・言葉の例：サッカー、やきゅう、ケーキ、みかん、アンパンマン、など自分が興味をもっている言葉をテーマに選ぶよう、促します。
・テーマ選びが難しそうであれば、省略しても構いません。

かん字テストをつくろう

くみ（　　）　ばんごう（　　）　なまえ（　　　　　　　　）

ことば【　　　　　　　　　　】

5		4		3		2		1	

13 手づくりおもちゃのつくり方

手作りおもちゃを作り、１年生と交流活動をするときなどに行いたい授業プランです。作り方の手順を分けて、順番に説明する力を伸ばします。活動例はおもちゃを作った後を想定していますが、作る前の計画書を考える活動としても有効です。

準備するもの　教師：ワークシート　児童：色鉛筆

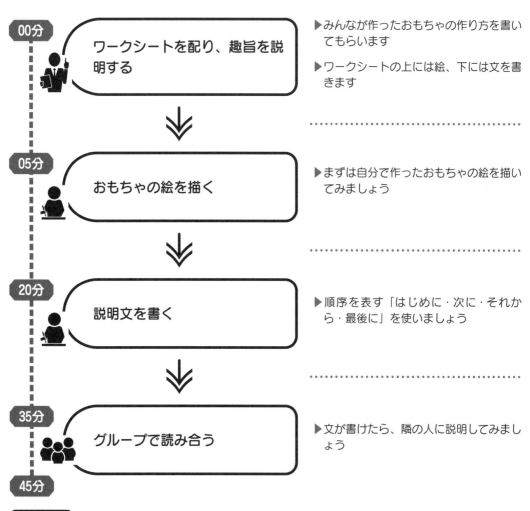

00分　ワークシートを配り、趣旨を説明する

▶みんなが作ったおもちゃの作り方を書いてもらいます

▶ワークシートの上には絵、下には文を書きます

05分　おもちゃの絵を描く

▶まずは自分で作ったおもちゃの絵を描いてみましょう

20分　説明文を書く

▶順序を表す「はじめに・次に・それから・最後に」を使いましょう

35分　グループで読み合う

▶文が書けたら、隣の人に説明してみましょう

45分

ポイント

・文をなかなか書き出せなかったり、時間がかかったりすることもあるので、おもちゃを作るときにあらかじめ児童に伝えておくと見通しをもって取り組めます。
・おもちゃ作りをしているときの写真を撮っておくと、それを貼り付けて説明文を作ることもできます。

手づくりおもちゃのつくり方

くみ（　　）　ばんごう（　　）　なまえ（　　　　　　　　　　　）

◆自分がつくったおもちゃのつくり方をせつめいしましょう。

絵（え）	作り方
	はじめに
	つぎに
	それから
	さいごに

14 音をさがそう

イラストを見て、そこから想像できる音を言葉で表す活動です。また、気持ちを表す言葉を考える活動も加えています。オノマトペ（擬音語・擬態語）を使って様子を表現できるようになることをねらいとします。

準備するもの 教師：ワークシート

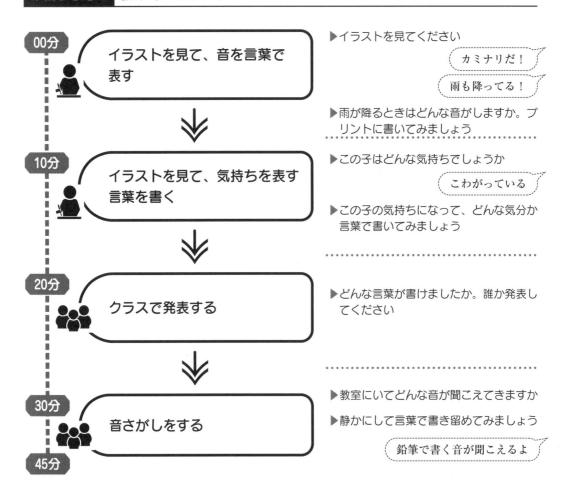

00分 イラストを見て、音を言葉で表す

▶イラストを見てください

（カミナリだ！）

（雨も降ってる！）

▶雨が降るときはどんな音がしますか。プリントに書いてみましょう

10分 イラストを見て、気持ちを表す言葉を書く

▶この子はどんな気持ちでしょうか

（こわがっている）

▶この子の気持ちになって、どんな気分か言葉で書いてみましょう

20分 クラスで発表する

▶どんな言葉が書けましたか。誰か発表してください

30分 音さがしをする

▶教室にいてどんな音が聞こえてきますか

▶静かにして言葉で書き留めてみましょう

（鉛筆で書く音が聞こえるよ）

45分

ポイント

・気持ちを表す言葉を探す際、くり返しの言葉（どきどき、びくびく）、「〜り」で終わる言葉（どっきり、びっくり）など、条件をつけるとオノマトペの学習として効果的です。
・音さがしの活動では、わざと音を立てるのではなく、静かにして自然と聞こえてくる音に注目させます。授業の最後に、どのような音を書き留めたのか発表し合うとよいでしょう。

音(おと)をさがそう

くみ（　　）　ばんごう（　　）　なまえ（　　　　　　　　）

◆イラストを見て、聞こえてくる音を書きましょう。

◆イラストの子のきもちを、ことばで書きましょう。

◆教室にいて、聞こえてくる音をさがしてみましょう。

音「　　　　　　　　」　何の音？（　　　　　　　　）

音「　　　　　　　　」　何の音？（　　　　　　　　）

音「　　　　　　　　」　何の音？（　　　　　　　　）

コラム ❶

作ってみよう！ オリジナルラクイチ授業プラン

本書に掲載されている授業プランは、「**学習内容**」と「**学習活動**」の組み合わせとして考えることができます。

例えば、「7　かん字のなかまをあつめよう」は、「漢字（学習内容）」と「仲間集め（学習活動）」の組み合わせです。また「19　長さランキング」は「ものの長さ（学習内容）」と「ランキングづくり（学習活動）」を組み合わせた活動です。

ここで、この2つの授業プランの学習活動を入れ替えてみるとどうなるでしょうか。

漢字 × **ランキングづくり**

⇒「漢字ランキング」…身の回りの漢字をもとにしてランキングを作る授業ができます。

例）学校でよく使う漢字ランキング、難しい漢字ランキング、好きな漢字ランキング等。

長さ × **仲間集め**

⇒「同じ長さ集め」…教室にあるもののなかから、同じ長さのものを探すといった授業ができます。

このように、また新しい授業プランを作ることができるのです。

以下に、小学校編（低学年、中学年、高学年）で使われている主な学習活動を挙げます。様々な教科、学習内容と組み合わせてみてください。たくさんの授業プランのアイデアが浮かんでくるはずです。

そして、面白そうな授業プランが思いついたら、ぜひ実践してみてください。実践をフォレスタネットに投稿していただけると、もっとうれしいです！（投稿方法は56ページを参照）

〈学習活動の例〉

３ヒントクイズ	ウェビングマップ	物語を書く
しりとり	仲間集め	ニュースづくり
ビンゴ	テスト問題づくり	ランキングづくり
神経衰弱	地図を描く	かるた
クラゲチャート	表彰状	４コマ漫画
似ているもの比べ	絵日記を書く	何かになりきる
辞書づくり	クロスワードパズル	デザインする
すごろく	３つの扉ゲーム	模型づくり
関係図を描く	インタビュー	連想する
○×クイズ	未来予想	ポスターづくり

2章 算数

15 たしざんをつくろう

足し算を表す言葉に「あわせて」や「ふえると」などがあります。足し算がどの意味の問題なのかを判断するのは、問題文にある言葉だけでなく、図でも理解することが大切です。自ら問題を作成することで、足し算の意味を理解する活動です。

準備するもの 教師:ワークシート　児童:色鉛筆

00分 趣旨を説明する

▶足し算を表す言葉には、どのようなものがありますか

増えると、合わせると、みんなで、全部で

▶絵で表すと、どのようになりますか

05分 制作を開始する

▶まずは問題を作りましょう

10分 問題に合う絵を描く

▶問題に合うように絵を描きましょう

35分 グループで見せ合う

▶友だちの作った問題を解いてみましょう

45分

ポイント

・うさぎは「羽」、船は「隻」など、難しい単位をこの活動を通して覚えていくのもよい学習です。
・絵の部分をプロジェクターなどで拡大提示して、どんな問題か考えさせると、より面白い活動になります。

●参考文献・先行実践
早勢裕明編著『「主体的・対話的で深い学び」を実現する！ 算数科「問題解決の授業」ガイドブック』(明治図書出版、2017年)

たしざんをつくろう

くみ（　　）ばんごう（　　）なまえ（　　　　　　　　　　）

◆もんだいをつくりましょう。

＿＿＿＿＿＿＿＿が＿＿＿＿＿＿＿＿います。

＿＿＿＿＿＿＿＿が＿＿＿＿＿＿＿＿います。

［　　　　　　］　＿＿＿＿＿＿＿＿でしょう。

［　　　　　　］の中には、こんなことばをつかってみましょう。

あわせて　ぜんぶで　みんなで

◆もんだいを絵にしましょう。

［　　　　　　　　　　　　　　　　］

＜しき＞

＜こたえ＞

16 これってなんもじ

児童がよく知っている歌の歌詞は何文字あるのでしょうか。調べるために、１つずつ数えるという方法もあります。この授業では、できるだけ間違いが少ないように数え方を工夫することを目指します。

準備するもの　教師：ワークシート、歌詞を拡大したもの

00分　趣旨を説明する

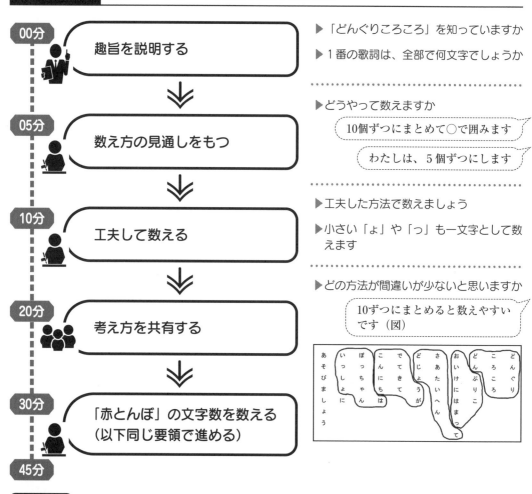

▶「どんぐりころころ」を知っていますか

▶１番の歌詞は、全部で何文字でしょうか

05分　数え方の見通しをもつ

▶どうやって数えますか

10個ずつにまとめて○で囲みます

わたしは、５個ずつにします

10分　工夫して数える

▶工夫した方法で数えましょう

▶小さい「ょ」や「っ」も一文字として数えます

20分　考え方を共有する

▶どの方法が間違いが少ないと思いますか

10ずつにまとめると数えやすいです（図）

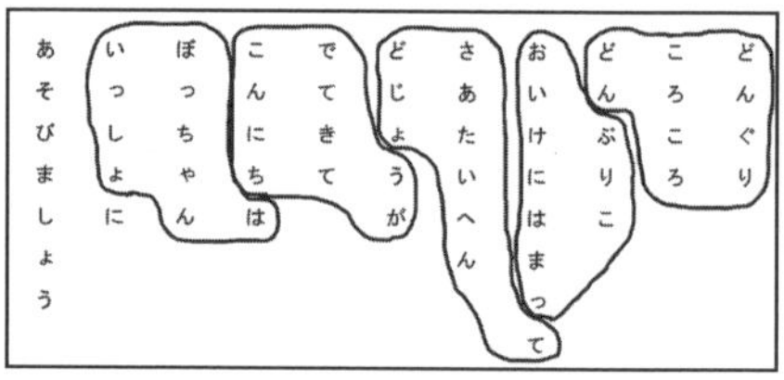

30分　「赤とんぼ」の文字数を数える（以下同じ要領で進める）

45分

ポイント

- どんぐりころころの文字数は58文字、赤とんぼの文字数は103文字です。
- CDや音源があれば、導入で「どんぐりころころ」を聞かせると、知らない児童も課題に集中できます。
- 児童から出てくる数え方には「１つずつ」「10ずつのまとまりをつくる」「１行ごとに数えておいて、最後に全部足す」などが考えられます。
- 校歌や音楽の教科書に載っている歌を使うと、面白い活動になります。

●参考文献・先行実践
『フォレスタネット selection Vol.5』（スプリックス、2019年）

これってなんもじ

くみ（　　　）　ばんごう（　　　）　なまえ（　　　　　　　　　　）

◆「どんぐりころころ」のかしは何文字ですか。くふうしてかぞえましょう。

どんぐり
ころころ
どんぶりこ
おいけにはまって
さあたいへん
どじょうが
でてきて
こんにちは
ぼっちゃん
いっしょに
あそびましょう

◆「赤とんぼ」のかしは何文字ですか。くふうしてかぞえましょう。

ゆうやけこやけの　あかとんぼ
おわれてみたのは　いつのひか
やまのはたけの　くわのみを
こかごにつんだは　まぼろしか
じゅうごでねえやは　よめにゆき
おさとのたよりも　たえはてた
ゆうやけこやけの　あかとんぼ
とまっているよ　さおのさき

17 ならんでいるのはなん人？

人が並んでいる場面から全員で何人並んでいるのかを考える問題です。集合数について絵や図で表現しながら問題を解いていくことを目標としています。また、自分で問題を作ってみることで、さらに考え方に慣れていく機会とします。

準備するもの 教師：ワークシート

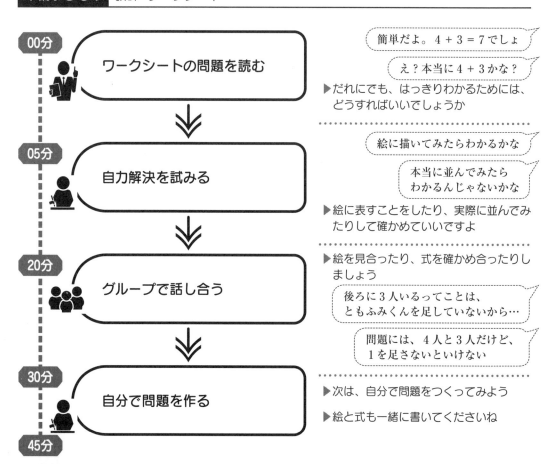

00分 ワークシートの問題を読む

簡単だよ。4＋3＝7でしょ

え？本当に4＋3かな？

▶だれにでも、はっきりわかるためには、どうすればいいでしょうか

05分 自力解決を試みる

絵に描いてみたらわかるかな

本当に並んでみたら
わかるんじゃないかな

▶絵に表すことをしたり、実際に並んでみたりして確かめていいですよ

20分 グループで話し合う

▶絵を見合ったり、式を確かめ合ったりしましょう

後ろに3人いるってことは、
ともふみくんを足していないから…

問題には、4人と3人だけど、
1を足さないといけない

30分 自分で問題を作る

▶次は、自分で問題をつくってみよう

▶絵と式も一緒に書いてくださいね

45分

ポイント

- この問題は、集合数の問題ですが、順序数にすることもできます（ともふみくんはバス停に並んでいます。前から4番目、後から3番目です）。
- 絵や図を描く人、説明する人と役割をふって発表させることで、他者の図を理解したり、発言を考えたりするきっかけになります。

●参考文献・先行実践
田中博史「第8回オール筑波算数授業サマーフェスティバル」（2015年7月18日開催）

ならんでいるのはなん人？

くみ（　　）　ばんごう（　　）　なまえ（　　　　　　　　　　　　）

＜もんだい＞

バスていに　人が　ならんで　います。ともふみさんの　まえに４人、うしろに３人　ならんでいます。みんなで　なん人　ならんで　いる　でしょうか。

◆かんがえを　かきましょう。

しき〔　　　　　　　　　　　　　　　　　　　　〕

こたえ　〔　　　　　　　〕人

◆もんだいを　つくってみましょう。

18 □□－□＝6になるしきを見つけよう

繰り下がりのある引き算の定着を目指した活動です。計算練習をするだけではなく、答えではない部分を□とすることで多様な考えが出てきます。そこからさらなる決まりを発見することで、計算の楽しさを味わいながら、数学的な見方・考え方を働かせることを目指します。

準備するもの 教師：ワークシート、数字カード

00分 □□-□＝6を解く

▶□には1つずつ数字が入ります。思いついた式を書きましょう

「最初の□は1かな」

「0も使っていいのかな」

10分 できた式を発表する

▶できた式を発表しましょう

「10－4＝6」「12－6＝6」

15分 違う問題を解く

▶□□-□＝7でやってみましょう

「やり方がわかったぞ」

25分 黒板に書きながら発表する

「数を1ずつ増やせば、簡単に式が見つかるよ」

「あ！式の数と答えの数が同じになってる！」

▶いろいろなきまりに気がついている人がいますね

35分 他の場合で確かめてみる

「答えが4なら、式も4つなのかな」

「答えが8のときを確かめてみたいな」

▶自分の確かめてみたいことを確かめてみましょう

45分

ポイント

・同じ問題を変化させて繰り返すことで子どもたちはやり方を学んでいきます。
・苦手な子どもがいるときには1□－□＝6と設定して難易度をやさしくできます。
・「式の数と答えが同じになった」というつぶやきから、「答えが8だったらどうなると思う？」と問いかけて発展的に考える態度を引き出しましょう。

●参考文献・先行実践
細水保宏編著『授業で使える！算数おもしろ問題60』（東洋館出版社、2016年）
田中博史『追究型算数ドリルのすすめ』（明治図書出版、1995年）

□□－□＝6 になる しきを 見つけよう

くみ（　　）　ばんごう（　　）　なまえ（　　　　　　　　　　　　）

◆ □□−□＝6 になる しきを 見つけましょう。

しきのかず　（　　　こ）			

◆ □□−□＝7 になる しきを 見つけましょう。

しきのかず　（　　　こ）			

◆ためしてみましょう。

ためしたいこと【　　　　　　　　　　　　】

19 長さランキング

算数でものさしの使い方を学習していることを前提としています。身近なものを測る活動を通して、量感を養います。測らなくても「○○よりどれぐらい長いか（短いか）」がわかるようになることを目指します。

準備するもの 教師：ワークシート　児童：ものさし

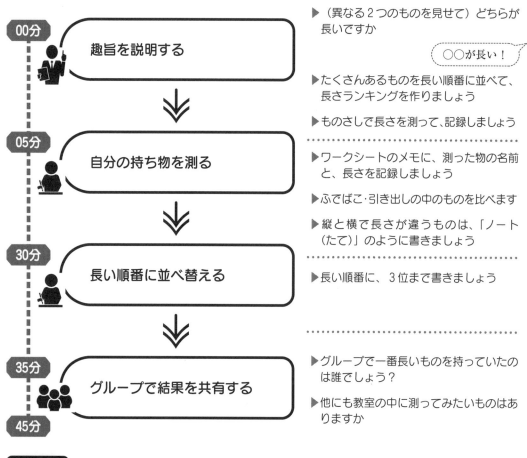

00分 趣旨を説明する

▶（異なる2つのものを見せて）どちらが長いですか

○○が長い！

▶たくさんあるものを長い順番に並べて、長さランキングを作りましょう

▶ものさしで長さを測って、記録しましょう

05分 自分の持ち物を測る

▶ワークシートのメモに、測った物の名前と、長さを記録しましょう

▶ふでばこ・引き出しの中のものを比べます

▶縦と横で長さが違うものは、「ノート（たて）」のように書きましょう

30分 長い順番に並べ替える

▶長い順番に、3位まで書きましょう

35分 グループで結果を共有する

▶グループで一番長いものを持っていたのは誰でしょう？

▶他にも教室の中に測ってみたいものはありますか

45分

ポイント

・長さを測る前に、長さの予想をさせると、面白くなります。
・時間があれば教室内にあるものを測る活動を加えてみましょう。
・教室のなかのものを測るときに、友達とものさしをくっつけて30㎝以上のものを測ってもよいことにすると、選択の幅が広がります。

●参考文献・先行実践
高橋丈夫監修『単位図鑑』（あかね書房、2018年）

長さランキング

くみ（　　　）　ばんごう（　　　）　なまえ（　　　　　　　　　　　）

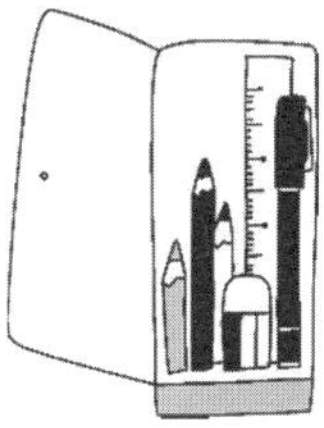

◆ふでばこ・ひきだしの中にあるもので、長さくらべをしましょう。
◆ものさしをつかって、長さをはかりましょう。

ものの名前	長さ　cm　mm

ものの長さ	長さ　cm　mm

◆ランキングにしましょう。

	ものの名前	長さ　cm　mm
1		
2		
3		

20 ☆の中に入るのは？

筆算の引き算を学習している２年生以降を前提としています。問題の条件に合うように、必要なカードを選択します。できた式から数の規則性を見つけたり、答えを違う数にして発展課題に取り組んだりすることもできます。

準備するもの 教師：ワークシート

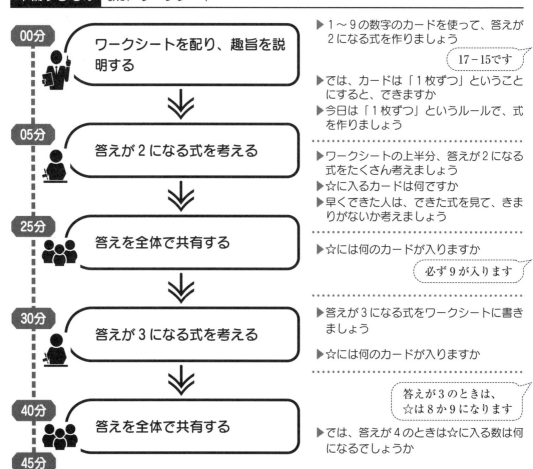

00分 ワークシートを配り、趣旨を説明する

▶１～９の数字のカードを使って、答えが２になる式を作りましょう

（17－15です）

▶では、カードは「１枚ずつ」ということにすると、できますか

▶今日は「１枚ずつ」というルールで、式を作りましょう

05分 答えが２になる式を考える

▶ワークシートの上半分、答えが２になる式をたくさん考えましょう

▶☆に入るカードは何ですか

▶早くできた人は、できた式を見て、きまりがないか考えましょう

25分 答えを全体で共有する

▶☆には何のカードが入りますか

（必ず９が入ります）

30分 答えが３になる式を考える

▶答えが３になる式をワークシートに書きましょう

▶☆には何のカードが入りますか

40分 答えを全体で共有する

（答えが３のときは、☆は８か９になります）

▶では、答えが４のときは☆に入る数は何になるでしょうか

45分

ポイント

・答えが２になる式は６種類、答えが３になる式は10種類あります。
・答えが４になるときに☆に入る数は、７か８か９です。
・作業が進まない児童には、適当に数字を入れてみて、答えが２に近づくように変えていくように助言します。

●参考文献・先行実践
新潟県上越市直江津南小学校『算数好きを育てる教材アレンジアイデアブック』（明治図書出版、2017年）

☆の中に入るのは？

くみ（　　　）ばんごう（　　　）なまえ（　　　　　　　　　）

1 2 3 4 5 6 7 8 9 のカードがあります。
ひとつのしきには、カードは１まいしかつかえません。

◆こたえが２になるしきで、☆に入るカードはなんですか。

□□ − □☆ = 2	□□ − □☆ = 2	□□ − □☆ = 2	□□ − □☆ = 2
□□ − □☆ = 2	□□ − □☆ = 2	□□ − □☆ = 2	□□ − □☆ = 2

◆こたえが３になるしきで、☆に入るカードはなんですか。

□□ − □☆ = 3	□□ − □☆ = 3	□□ − □☆ = 3	□□ − □☆ = 3
□□ − □☆ = 3	□□ − □☆ = 3	□□ − □☆ = 3	□□ − □☆ = 3

21 かけ算見つけ

教室や校舎内を探検しながら、かけ算の式で表せられるものを見つける活動です。探し出すことで興味をもつだけでなく、身の回りに「かけ算」で表せるものが数多くあることを学ぶ機会となります。

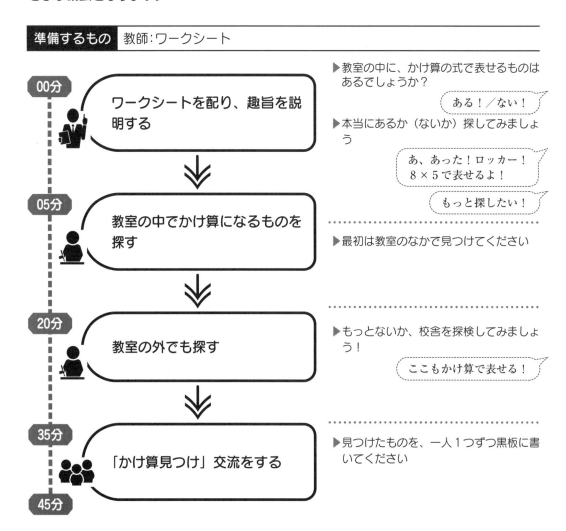

準備するもの 教師：ワークシート

00分 ワークシートを配り、趣旨を説明する

▶教室の中に、かけ算の式で表せるものはあるでしょうか？

ある！／ない！

▶本当にあるか（ないか）探してみましょう

あ、あった！ロッカー！
8×5で表せるよ！

もっと探したい！

05分 教室の中でかけ算になるものを探す

▶最初は教室のなかで見つけてください

20分 教室の外でも探す

▶もっとないか、校舎を探検してみましょう！

ここもかけ算で表せる！

35分 「かけ算見つけ」交流をする

▶見つけたものを、一人1つずつ黒板に書いてください

45分

ポイント

・安全面や時間的に難しそうであれば、教室内だけでも活動できます。
・家庭学習として、家庭や学童で「かけ算見つけ」を出題すると、より一層盛り上がります。
・三角定規を使って教室や校舎内にある直角を探す「直角見つけ」など、様々にアレンジができます。

かけ算見つけ

くみ（　　）　ばんごう（　　）　なまえ（　　　　　　　　　　）

◆教室や学校の中で、かけ算の式になっているところはないかな？

なに 何	ざん　しき かけ算の式	ばしょ 場所
（例）ロッカー	8×5＝40	2年教室

22 なんかいにいるのかな

ビルの中に住んでいる人を想定して、その人が何階に住んでいるか考える活動です。20までの計算で「〇〇の〇階上に」や「〇〇より〇階下に」という表現を使って、足し算引き算を学習します。

準備するもの 教師：ワークシート

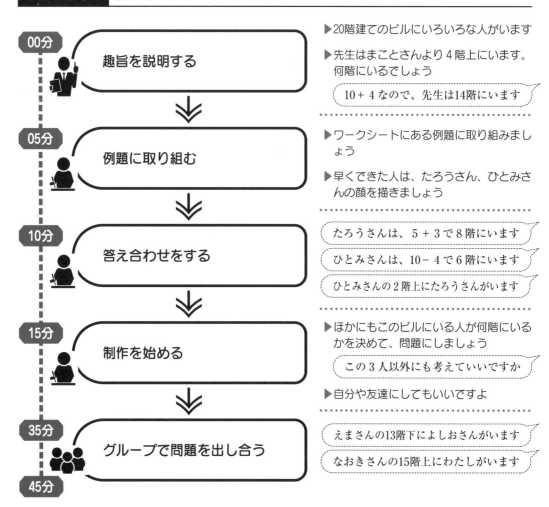

00分 趣旨を説明する

▶20階建てのビルにいろいろな人がいます

▶先生はまことさんより４階上にいます。何階にいるでしょう

（10＋４なので、先生は14階にいます）

05分 例題に取り組む

▶ワークシートにある例題に取り組みましょう

▶早くできた人は、たろうさん、ひとみさんの顔を描きましょう

10分 答え合わせをする

（たろうさんは、５＋３で８階にいます）

（ひとみさんは、10－４で６階にいます）

（ひとみさんの２階上にたろうさんがいます）

15分 制作を始める

▶ほかにもこのビルにいる人が何階にいるかを決めて、問題にしましょう

（この３人以外にも考えていいですか）

▶自分や友達にしてもいいですよ

35分 グループで問題を出し合う

（えまさんの13階下によしおさんがいます）

（なおきさんの15階上にわたしがいます）

45分

ポイント

・実態に応じて100階建てのマンション、地下50建てのシェルターなどに設定を変えると、問題のバリエーションが増えて楽しい活動になります。

●参考文献・先行実践
いわいとしお『100かいだてのいえ』（偕成社、2008年）

なんかいにいるのかな

くみ（　　　）　ばんごう（　　　）　なまえ（　　　　　　　　　）

◆20 かいまであるビルがあります。
◆だれが、どこにいるかをしきでかきましょう。

＜れいだい＞
・たろうさん、ひとみさんはなんかいにいますか

① 

の 3 かい上に［たろう］がいます。□ + □ = □　（こたえ）□ かい

② 

の 4 かい下に［ひとみ］がいます。□ − □ = □　（こたえ）□ かい

◆この人たちが、なんかいにいるか、もんだいにしましょう。

① □ の □ かい □ に □ がいます。

② □ の □ かい □ に □ がいます。

③ □ の □ かい □ に □ がいます。

23 「かさ」神経衰弱

日常生活にある飲み物の容量を用いた神経衰弱ゲームを行う活動です。もともと書かれてある容量に加え、「L（リットル）・dL（デシリットル）・mL（ミリリットル）」に変換しながらカードを作っていきます。神経衰弱ゲームで楽しく活動しながら正しい数量への単位換算を学ぶ機会となります。

準備するもの 教師：ワークシート、飲み物等のペットボトルや缶、瓶　児童：はさみ（あれば）

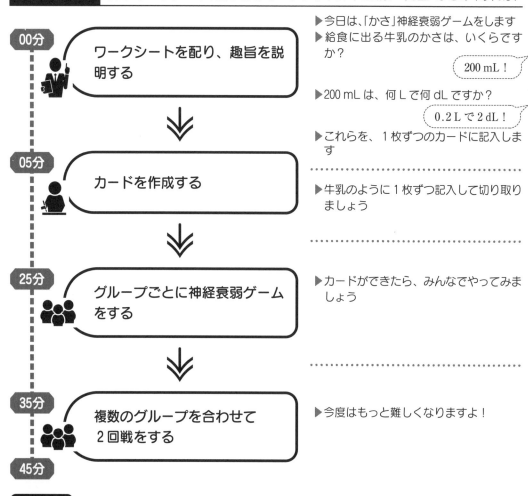

00分 ワークシートを配り、趣旨を説明する

▶今日は、「かさ」神経衰弱ゲームをします
▶給食に出る牛乳のかさは、いくらですか？
（200 mL！）
▶200 mL は、何 L で何 dL ですか？
（0.2 L で 2 dL！）
▶これらを、1枚ずつのカードに記入します

05分 カードを作成する

▶牛乳のように1枚ずつ記入して切り取りましょう

25分 グループごとに神経衰弱ゲームをする

▶カードができたら、みんなでやってみましょう

35分 複数のグループを合わせて2回戦をする

▶今度はもっと難しくなりますよ！

45分

ポイント

・事前に教師がカードを切り離しておくと、スムーズに授業が進められます。
・より多くの容器（容量）があった方が、カードの種類が増え、難易度の高いゲームとなります。
・「かさ」の量に加えて同じ飲み物という条件を加えると、より一層難易度の高い神経衰弱ゲームとなります。

「かさ」神経衰弱（しんけいすいじゃく）

◆神経衰弱（しんけいすいじゃく）に使うカードを作りましょう。

（たりない場合は、この用紙をコピーしてもらいましょう）

（ 給食の牛乳 ） ２００mL	（ 給食の牛乳 ） ２dL	（ 給食の牛乳 ） ０．２L
（　　　　　　） mL	（　　　　　　） dL	（　　　　　　） L
（　　　　　　） mL	（　　　　　　） dL	（　　　　　　） L
（　　　　　　） mL	（　　　　　　） dL	（　　　　　　） L

コラム❷ 投稿しよう！オリジナルラクイチ授業プラン

本書『小学校ラクイチ授業プラン』の授業案のなかには、フォレスタネットへの投稿がもとになってできたものもたくさんあります。「ラクイチ授業」の条件は以下の３つです。

1　１時間で完結する…１時間完結の内容で、好きなタイミングで行える授業であること。
2　準備に時間がかからない…ワークシートの印刷など、簡単な授業準備で実践できること。
3　誰でも実践できる…「あの先生だからできる」ような達人技は必要ないこと。

普段、何気なく行っているあなたの授業も、もしかしたらラクイチ授業プランかも!?
このような授業があったら、投稿してみませんか？
オリジナリティのある授業プランは、ラクイチ授業プランの本に掲載される可能性も。

〈フォレスタネットへの投稿方法〉

①スマホまたはPCから「フォレスタネット」にアクセスし、会員登録する。
※すでに会員の方はログインして②へ

→ ②「ラクイチ授業プラン」特設ページにアクセスする。

→ ③「この特集に投稿する」ボタンを押して投稿する。

3章 生活

24 がっこうのちずをつくろう

校内のことについてある程度わかり始めた低学年児童が校内地図を描きます。教室から近いところについてはよくわかっていますが、遠くなるにつれてあいまいになっていきます。校内にもまだ知らないところがあることに気づく活動です。

準備するもの 教師:白紙 児童:色鉛筆

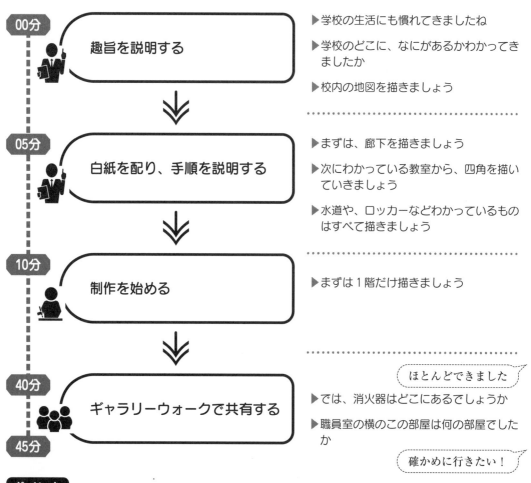

00分 趣旨を説明する

- ▶学校の生活にも慣れてきましたね
- ▶学校のどこに、なにがあるかわかってきましたか
- ▶校内の地図を描きましょう

05分 白紙を配り、手順を説明する

- ▶まずは、廊下を描きましょう
- ▶次にわかっている教室から、四角を描いていきましょう
- ▶水道や、ロッカーなどわかっているものはすべて描きましょう

10分 制作を始める

- ▶まずは１階だけ描きましょう

40分 ギャラリーウォークで共有する

（ほとんどできました）

- ▶では、消火器はどこにあるでしょうか
- ▶職員室の横のこの部屋は何の部屋でしたか

（確かめに行きたい！）

45分

ポイント

- ・地図を描いた後に、「このあたりは、他に何かなかったっけ」や「○○はどこだっけ」など、学校のことについてもっと知りたくなるような声掛けをすると効果的です。
- ・作品例を児童に示すと、活動に取り組みやすくなります。

●参考文献・先行実践
ラクイチ授業研究会編『中学社会ラクイチ授業プラン』（学事出版、2018年）

がっこうのちずをつくろう【作品れい】

＜チェックポイント＞

◆水道やトイレのばしょがかけていますか。

◆自分の教室からとおい教室の名前がわかっていますか。

◆出入口はぜんぶかけていますか。

＜作品れい①＞

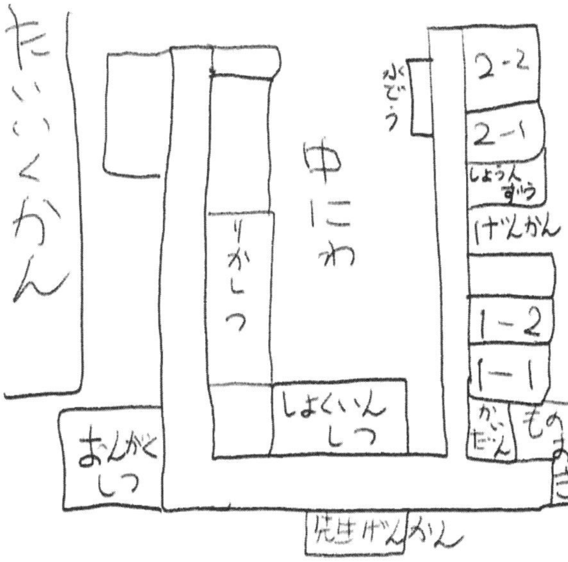

＜作品れい②＞

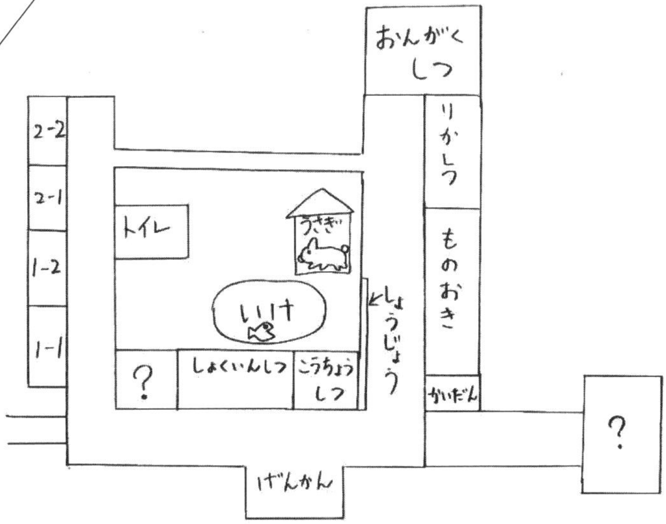

25 がっこうかるた

学校を題材にかるたを作る活動です。生活科や学級活動などで学習した学校の約束や場所・教室をかるたにします。低学年なので、五七五にとらわれず自由な字数で表現します。学校について知らなかったことを再発見できるでしょう。

準備するもの 教師：ワークシート　児童：色鉛筆

00分 ワークシートを配り、趣旨を説明する

▶みなさんは「かるた」をしたことがありますか

▶今日は、学校のことについてかるたを作ってみましょう

05分 読み札を作成する

▶まずは、読み札を考えましょう

▶中庭で作るとしたら、どうですか

（池のこいはみんなのアイドル）

20分 取り札を作成する

▶取り札の右上の○に、読み札の１文字目を書きましょう

▶読み札に関係する絵を書きましょう

40分 ギャラリーウォークで共有する

▶友だちのかるたで、いいなと思ったところはありますか

45分

ポイント

・始めに一人ひとりの文字を指定してしまうと、書けなくなってしまう児童がいます。低学年のうちはどの文字で書くかを指定せず、同じ文字が何人かいてもよいことにする方がよいです。
・読み札の例（しょくいんしつ　先生に　話しに　行く、かだんに　水やり　わすれずに）

●参考文献・先行実践
ラクイチ授業研究会編『中学国語ラクイチ授業プラン』（学事出版、2017年）

がっこうかるた

くみ（　　）　ばんごう（　　）　なまえ（　　　　　　　　　　）

とりふだ	よみふだ

26 にこにこみつけ

身近な人たちが笑顔になるときを見つけ、笑顔を増やすためにどのようなことができるかを考えます。学校での生活や、家庭での笑顔を増やすことを考えることで、集団のなかの一員としてできることに気づかせます。

準備するもの 教師:ワークシート

00分 **趣旨を説明する**

▶みんながにこにこになるのはどんなときですか

遊んでいるとき、
学習を教えてもらったとき

▶では、友達や家族がにこにこになるのはどんなときですか

05分 **ワークシートを配り、書き方を説明する**

▶３つに分かれた部屋に、それぞれ「じぶん」「ともだち」「かぞく」がにこにこになるときを書きましょう

10分 **制作を開始する**

▶友達と家族両方にあてはまるときは線の上に書いてください

30分 **グループで共有する**

▶友達の考えで「いいなぁ」と思ったことはどこですか

35分 **ワークシートに記入する**

▶みんながにこにこになるためには、自分には何ができますか

▶ワークシートに、自分にできることを書きましょう

45分

ポイント

・家族や家庭の形は、児童によって異なるので、家族構成や家庭の事情などに配慮が必要です。

●**参考文献・先行実践**
教育技術編集部『小一教育技術2017年11月号』(小学館、2017年)

にこにこみつけ

くみ（　　）　ばんごう（　　）　なまえ（　　　　　　　　　　　　）

◆「じぶん」「ともだち」「かぞく」がにこにこするのは、どんなときですか。
できるだけたくさん書きましょう。

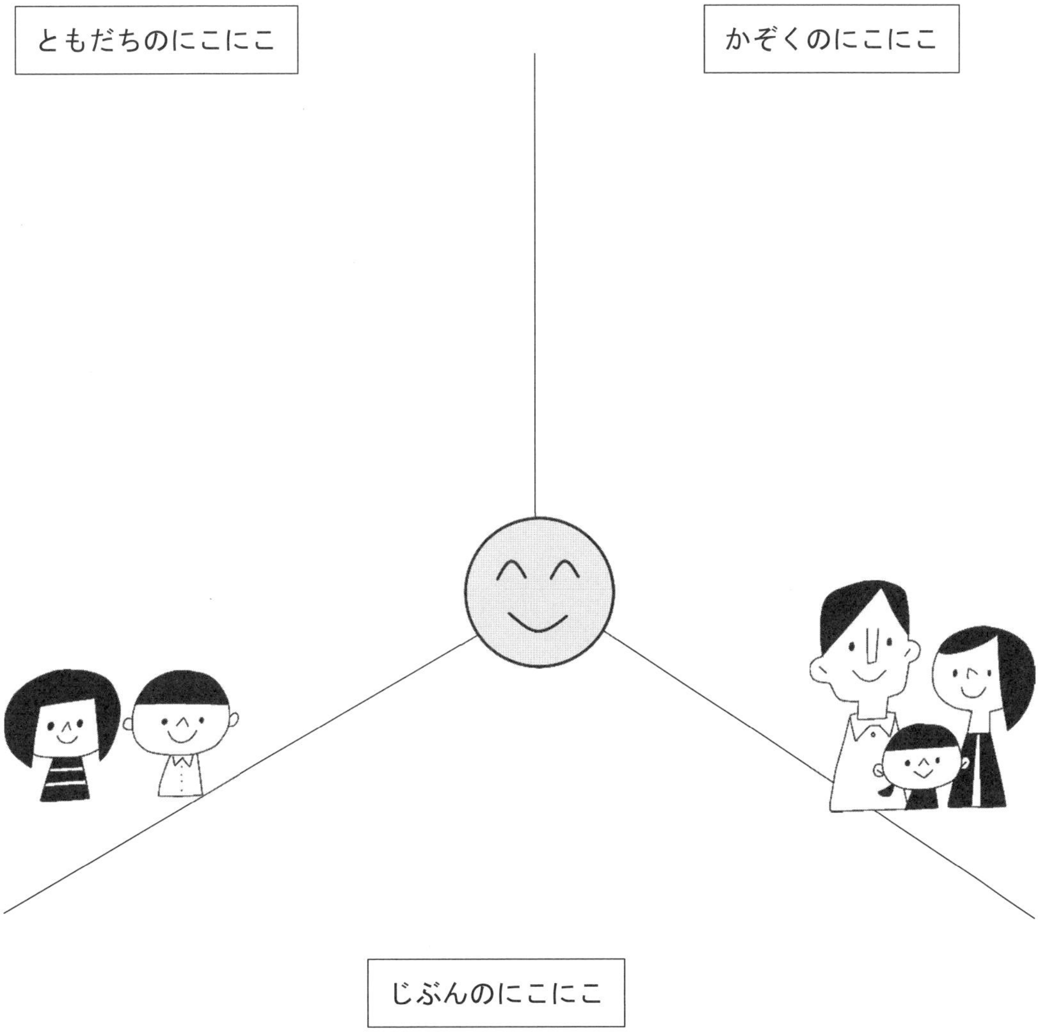

みんながにこにこになるために、なにができますか。

27 お気に入りのばしょ

児童の生活は、地域に生活している人や、様々な施設によって成り立っています。この活動では、学校周辺のお気に入りの場所を紹介し合うことで、まだ知らなかった地域に目を向けるようになります。

準備するもの 教師:ワークシート　児童:色鉛筆

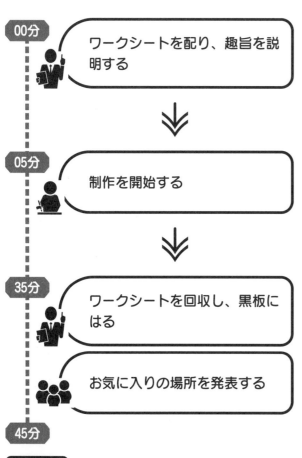

00分

ワークシートを配り、趣旨を説明する

▶今日は、自分のお気に入りの場所を紹介しましょう

▶どのような場所がお気に入りですか

通学路にある神社です。いつも遊んでいます

05分

制作を開始する

▶ワークシートにお気に入りの場所の絵を描きましょう

35分

ワークシートを回収し、黒板にはる

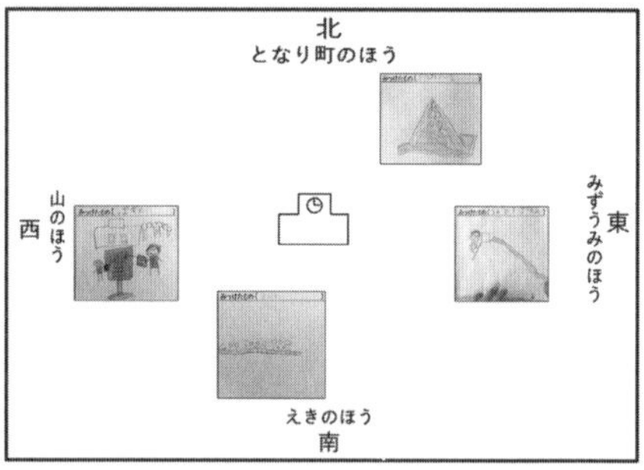

お気に入りの場所を発表する

▶黒板の真ん中を学校として、お気に入りの場所はどのあたりにありますか

ポストは山の方にあるので、このへんにあります

45分

ポイント

・前日の下校指導などで、お気に入りの場所を決めるように伝えておくと取り組みやすくなります。
・書くことが難しい児童には、家の周りにあるものを思い出させます。
・発表させるときは、学校を中心として、どの方向にあるのかを意識させると、その場所に行ったことのない児童もイメージしやすくなります。

●参考文献・先行実践

『フォレスタネットSelection vol.4』(スプリックス、2019年)

お気に入りのばしょ

くみ（　　　）　ばんごう（　　　）　なまえ（　　　　　　　　　）

◆見つけたお気に入りをみんなにおしえましょう！

見つけたもの
絵（え）
お気に入りのわけ

28 ネイチャービンゴ

校庭や公園、校外学習での1時間でできる自然を感じるビンゴです。見る、触る、嗅ぐなど様々な調べ方をしてそれまで注目していなかったところに目を向けさせ、主体的に自然を観察する態度を育てます。

準備するもの 教師:ワークシート　児童:バインダー

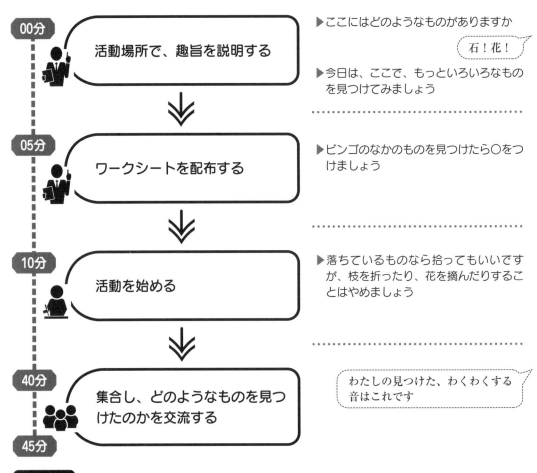

00分 活動場所で、趣旨を説明する

▶ここにはどのようなものがありますか

石！花！

▶今日は、ここで、もっといろいろなものを見つけてみましょう

05分 ワークシートを配布する

▶ビンゴのなかのものを見つけたら○をつけましょう

10分 活動を始める

▶落ちているものなら拾ってもいいですが、枝を折ったり、花を摘んだりすることはやめましょう

40分 集合し、どのようなものを見つけたのかを交流する

わたしの見つけた、わくわくする音はこれです

45分

ポイント

・落ちているものでみんなに紹介したいものがあれば、ビンゴが終わってから持ち寄って紹介し合います。
・安全に配慮し、活動範囲を決めましょう。

●参考文献・先行実践
公益財団法人　日本シェアリングネイチャー協会　https://www.naturegame.or.jp/

ネイチャービンゴ

くみ（　　）　ばんごう（　　）　なまえ（　　　　　　　　　　）

◆見たり、さわったりしてたくさんはっけんしましょう！

しめった土	 の形	鳥の声 	つぼみ
ざらざらした木 	きいろの花	くものす	くろっぽい生きもの
わくわくする音	こけ	あながあいているはっぱ 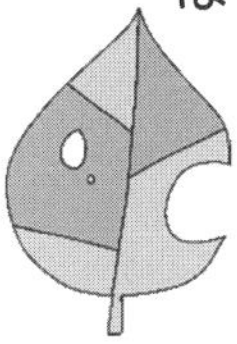	日かげ
手の形をしたえだ 	いいにおいのするはっぱ	つるつるするもの	手のひらより大きな石

29 ○○をさがそう

　校庭などで季節を感じる動植物を観察する活動です。実際に見たり触れたりすることで五感を働かせながら感性を育むことができる機会となります。活動例は秋ですが、どの季節でも実践できます。

準備するもの　教師:ワークシート　児童:色鉛筆、バインダー

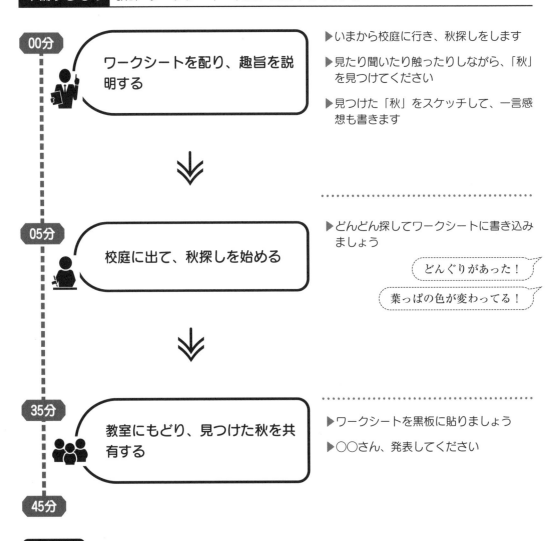

00分

ワークシートを配り、趣旨を説明する

▶いまから校庭に行き、秋探しをします

▶見たり聞いたり触ったりしながら、「秋」を見つけてください

▶見つけた「秋」をスケッチして、一言感想も書きます

05分

校庭に出て、秋探しを始める

▶どんどん探してワークシートに書き込みましょう

どんぐりがあった！

葉っぱの色が変わってる！

35分

教室にもどり、見つけた秋を共有する

▶ワークシートを黒板に貼りましょう

▶○○さん、発表してください

45分

ポイント

・秋以外にも「春・夏・冬」探しを行い、ファイルでまとめることで、日本の四季を感じ取ることができます。
・安全に配慮し、活動範囲を決めてください。

○○をさがそう

くみ（　　）　ばんごう（　　）　なまえ（　　　　　　　　　　）

◆校ていで、「　　　　　　　　　　　　　　」をさがしましょう。

見つけた「　　　　　　　　　　　　　　」
わかったこと
かんじたこと

30 生きもののすみか

生き物を探したあとは、その生き物を飼ってみたいという思いが芽生えます。生き物を責任をもって最後まで見届けられるすみかを考える活動です。すみかを考えていく過程で、その生き物を大切にしようとする気持ちを育みます。

準備するもの 教師:ワークシート　児童:色鉛筆

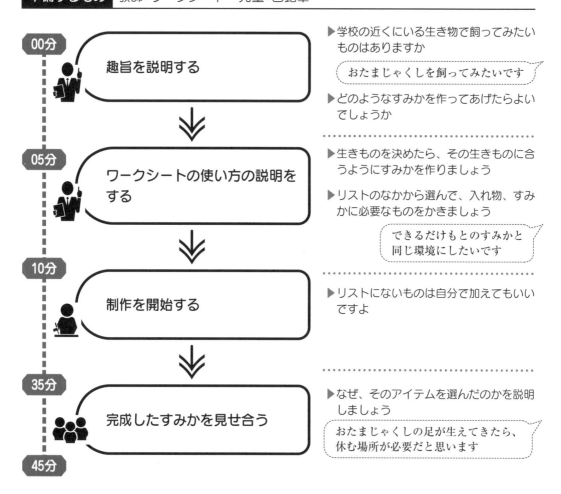

00分

趣旨を説明する

▶学校の近くにいる生き物で飼ってみたいものはありますか

おたまじゃくしを飼ってみたいです

▶どのようなすみかを作ってあげたらよいでしょうか

05分

ワークシートの使い方の説明をする

▶生きものを決めたら、その生きものに合うようにすみかを作りましょう

▶リストのなかから選んで、入れ物、すみかに必要なものをかきましょう

できるだけもとのすみかと同じ環境にしたいです

10分

制作を開始する

▶リストにないものは自分で加えてもいいですよ

35分

完成したすみかを見せ合う

▶なぜ、そのアイテムを選んだのかを説明しましょう

おたまじゃくしの足が生えてきたら、休む場所が必要だと思います

45分

ポイント

・生き物のすみかを考えることは、その生き物の命を考えることにつながります。
・班で話題になっていることを取り上げ、クラス全体で考えると、より深い学習につながります。例えば「水道水とすんでいた所の水の違い」「陸地のありなし」など。

●参考文献・先行実践
『フォレスタネット selection vol.4』(スプリックス、2019年)

生きもののすみか

くみ（　　　）　ばんごう（　　　）　なまえ（　　　　　　　　　　）

えらんだ生きもの

◆すみかにひつようだと思うものをアイテムリストからえらんで絵であらわしましょう。

すみか

えさ

◆アイテムリスト（じぶんでかんがえて、つけくわえてもいいです）

いれもの	すみかにひつようなもの	えさ
水そう	水どうの水　すんでいたところの水	草　はっぱ
あきばこ	草　はっぱ　かれは　花	かれは　虫　やさい
バケツ	ほそい木　ふとい木	花　ソーセージ
	すな　石　土　大きめの石	さとう

31 はっけん！友だちのいいところ

「友だちのいいところは何ですか」。この問いかけにしっかりと答えられる児童は何人いるのでしょうか。このワークシートは、友だちを観察することで、その人のよさに気づくことをねらいとしています。

準備するもの 教師：ワークシート

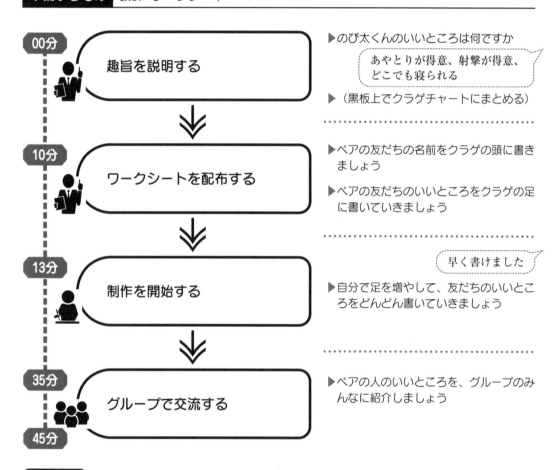

00分 趣旨を説明する

▶のび太くんのいいところは何ですか

あやとりが得意、射撃が得意、どこでも寝られる

▶（黒板上でクラゲチャートにまとめる）

10分 ワークシートを配布する

▶ペアの友だちの名前をクラゲの頭に書きましょう

▶ペアの友だちのいいところをクラゲの足に書いていきましょう

13分 制作を開始する

早く書けました

▶自分で足を増やして、友だちのいいところをどんどん書いていきましょう

35分 グループで交流する

▶ペアの人のいいところを、グループのみんなに紹介しましょう

45分

ポイント

・導入で、クラゲチャートの使い方をしっかりと理解させてから活動を始めさせてください。
・クラゲチャートでどんどん足が増えていくと、児童も楽しくなって、できるだけたくさん書こうとします。そして、書くためには友だちのことをよく見ることが大切なので、友だちのことをたくさん知る機会になります。

●参考文献・先行実践
田村学他『こうすれば考える力がつく！中学校 思考ツール』（小学館、2014年）

はっけん！友だちのいいところ

くみ（　　　）　ばんごう（　　　）　なまえ（　　　　　　　　　　）

◆友だちのいいところを、クラゲの足に書きましょう。

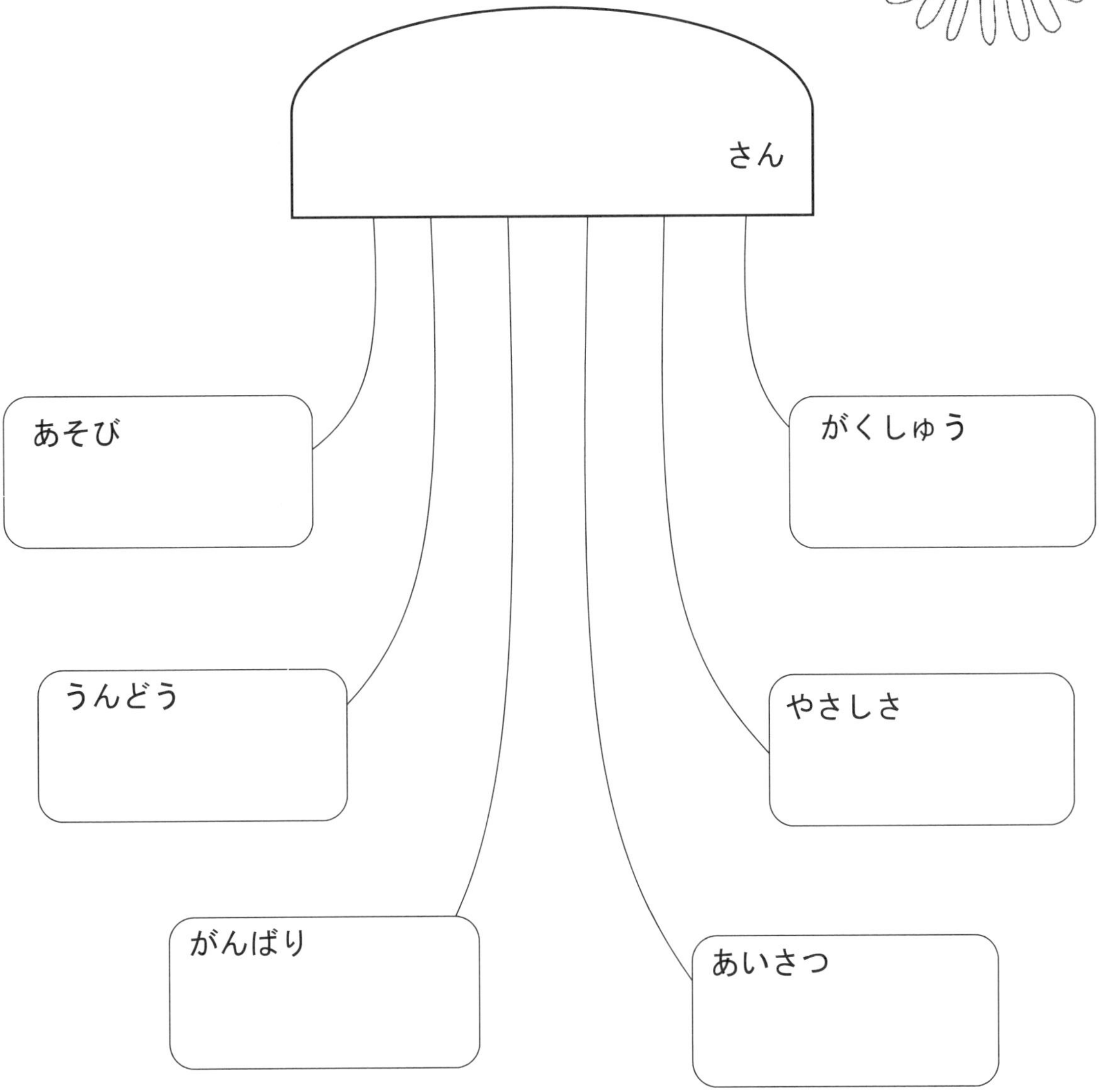

32 しかけカードしょうたいじょう

6年生を送る会など、学校行事やイベントの招待状を作るときに取り組ませたい活動です。説明や手順を参照しながら制作することで、情報を整理して理解したり、実際の行動に生かしたりする機会とします。

準備するもの 教師：画用紙、ワークシート　児童：色鉛筆、はさみ

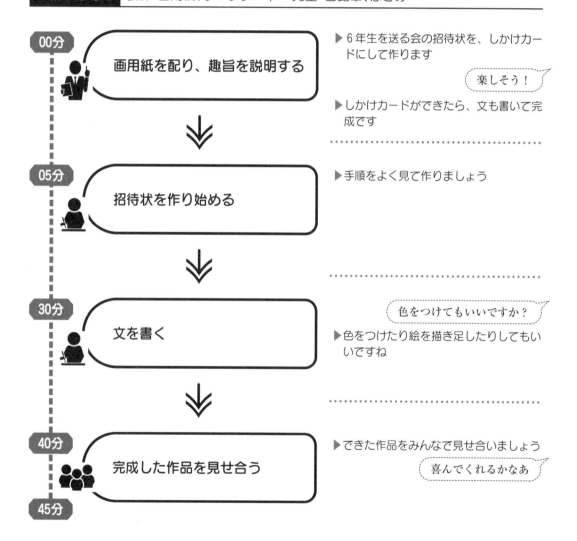

00分 画用紙を配り、趣旨を説明する

▶6年生を送る会の招待状を、しかけカードにして作ります

楽しそう！

▶しかけカードができたら、文も書いて完成です

05分 招待状を作り始める

▶手順をよく見て作りましょう

30分 文を書く

色をつけてもいいですか？

▶色をつけたり絵を描き足したりしてもいいですね

40分 完成した作品を見せ合う

▶できた作品をみんなで見せ合いましょう

喜んでくれるかなあ

45分

ポイント

・形をアレンジして作りたい児童もいるので、その思いを認めて取り組ませると、よりユニークなしかけカードが出来上がります。

しかけカードしょうたいじょう

くみ（　　　）　ばんごう（　　　）　なまえ（　　　　　　　　　　　）

＜作り方＞

①色画用紙を半分におって、おったほうから切りこみを入れます。切りこみの長さは４センチメートル、切りこみと切りこみの間は３センチメートルくらいにしましょう。

②色画用紙をひらきます。手を色画用紙の後ろにあてて、切りこみを入れたところをおし上げます。そうすると山ができます。（山は、しかけの台になります）

③小さい色画用紙で、しかけの台にはるかざりをつくります。かざりが大きすぎると、カードをとじたときに見えてしまうので気をつけましょう。

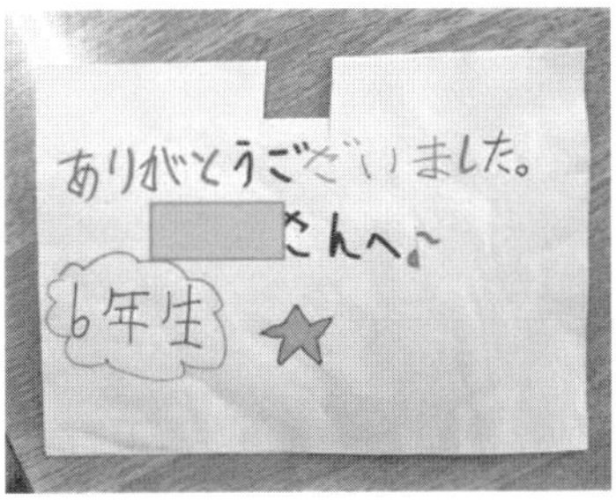

④かざりを、しかけの台の右はじにそろえてはります。右はじにそろえると、閉じたときにかざりがおれません。

⑤言葉をかいたり、絵をかいたりしましょう。

＜作品れい＞

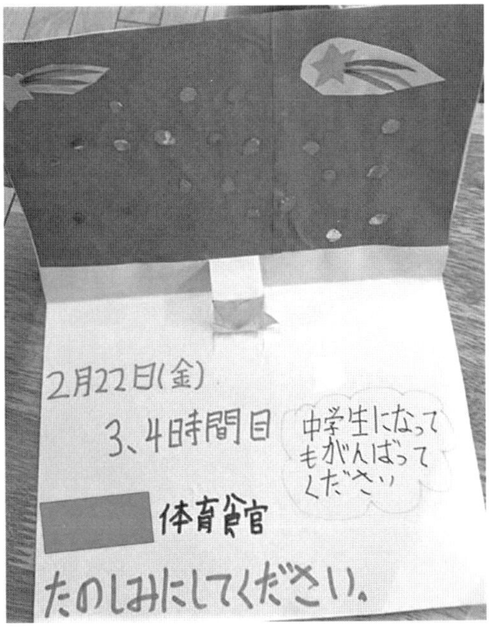

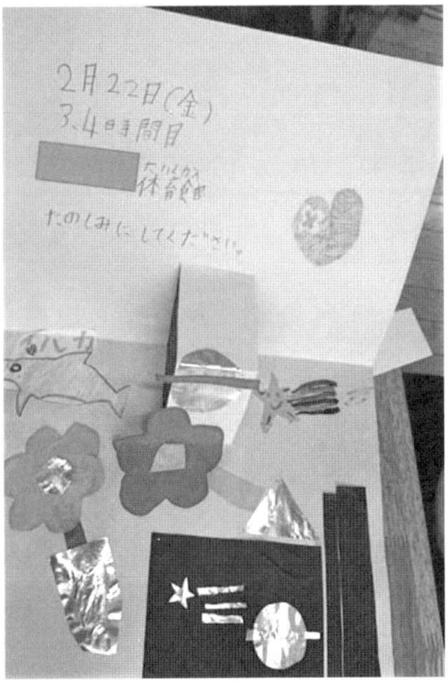

タイトル

くみ（　）　ばんごう（　）　なまえ（　）

4章 その他

33 絵しりとり

友達が描いた絵が何を表しているのかを想像し、しりとりをつなげていくという活動です。想像力や表現力を高めると共に、仲間づくりのアクティビティとして役立てることができます。

準備するもの 教師:ワークシート

00分 趣旨を説明する

▶この絵は何かわかりますか。そう、猫です。では次は何でしょう。そう、コマです。次はマントです

しりとりになってる！
絵でしりとりをするのか！

05分 班で絵しりとりを行う

▶時間は10分間です。その間に班でいくつしりとりをつなげることができるでしょうか

▶後で答え合わせをするので、途中で教え合ったり、ヒントを出したりしてはいけません

15分 答え合わせをする

▶それぞれの絵が何を表しているのか、絵を描いた人が伝えていきましょう

25分 別の班で絵しりとりを行う

▶違うグループをつくって２回目を行います

35分 答え合わせを行う

わからなかった！
そういう絵だったのか！

45分

ポイント

・１回目が終わった時点で，ワークシートをモニター等に映して全体で共有すると盛り上がります。

絵しりとり

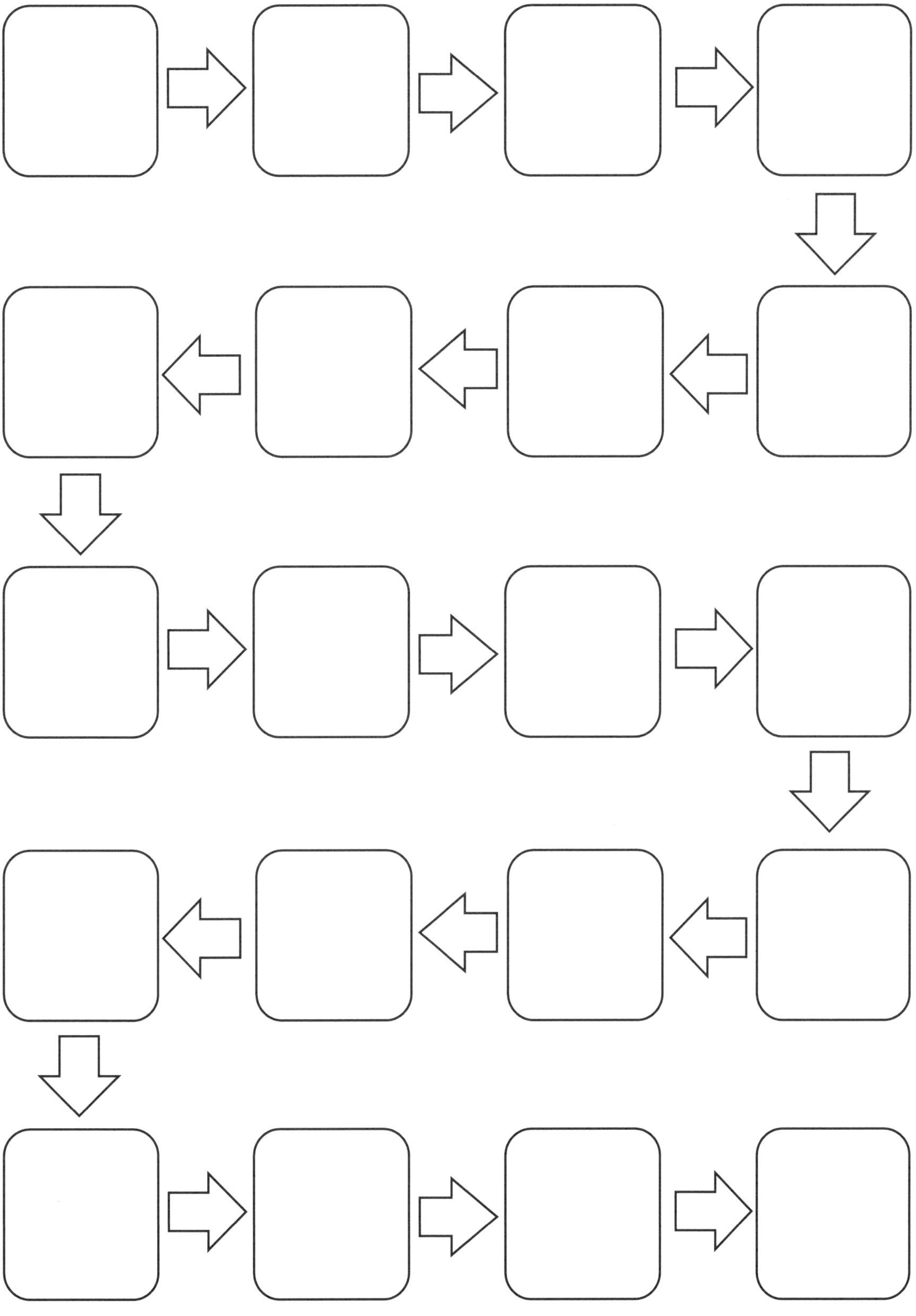

34 ねんどしりとり

しりとりがつながるように粘土で作品を作ります。粘土でいろいろなものを作ることで、どうやったら伝わるかな、わかるかなと考える活動になります。

準備するもの 教師:ワークシート(大きめの紙に印刷するとよい) 児童:粘土

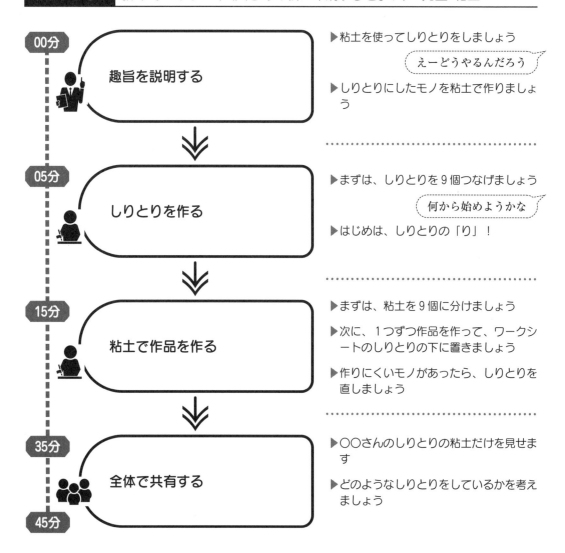

00分 趣旨を説明する

▶粘土を使ってしりとりをしましょう

（えーどうやるんだろう）

▶しりとりにしたモノを粘土で作りましょう

05分 しりとりを作る

▶まずは、しりとりを9個つなげましょう

（何から始めようかな）

▶はじめは、しりとりの「り」！

15分 粘土で作品を作る

▶まずは、粘土を9個に分けましょう

▶次に、1つずつ作品を作って、ワークシートのしりとりの下に置きましょう

▶作りにくいモノがあったら、しりとりを直しましょう

35分 全体で共有する

▶〇〇さんのしりとりの粘土だけを見せます

▶どのようなしりとりをしているかを考えましょう

45分

ポイント

・できた作品をカメラで撮ってから粘土を片づけると、掲示に使えます。
・粘土を置きやすいように、ワークシートは大きめの紙に印刷してください。

ねんどしりとり

くみ（　　　）　ばんごう（　　　）　なまえ（　　　　　　　　　）

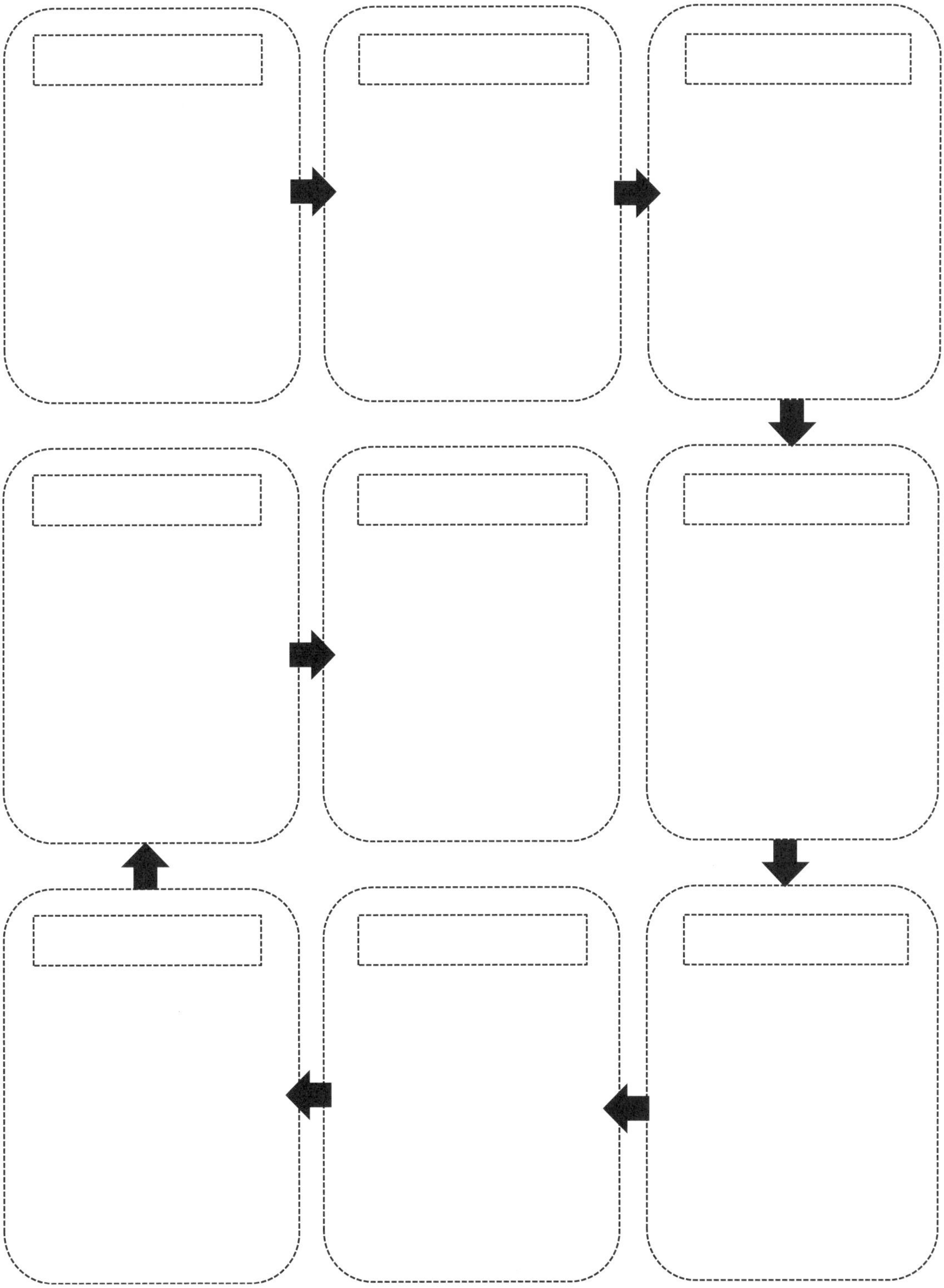

35 案内できるかな

地図のなかでスタートからゴールまでを案内することを通して、相手にわかりやすい説明ができるようになることを目標としています。内容は、アンプラグドプログラミング教育にもつながる簡単なゲームです。

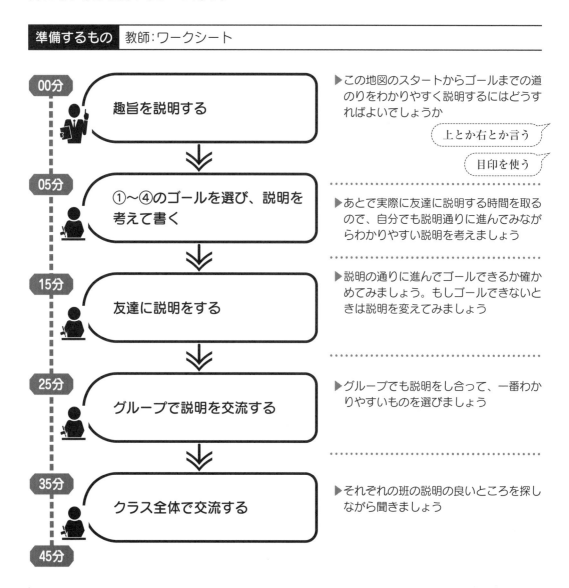

準備するもの 教師：ワークシート

00分 趣旨を説明する

▶この地図のスタートからゴールまでの道のりをわかりやすく説明するにはどうすればよいでしょうか

上とか右とか言う

目印を使う

05分 ①〜④のゴールを選び、説明を考えて書く

▶あとで実際に友達に説明する時間を取るので、自分でも説明通りに進んでみながらわかりやすい説明を考えましょう

15分 友達に説明をする

▶説明の通りに進んでゴールできるか確かめてみましょう。もしゴールできないときは説明を変えてみましょう

25分 グループで説明を交流する

▶グループでも説明をし合って、一番わかりやすいものを選びましょう

35分 クラス全体で交流する

▶それぞれの班の説明の良いところを探しながら聞きましょう

45分

ポイント

・地図を拡大したものを黒板に貼っておくと、説明や交流がスムーズになります。

案内できるかな

くみ（　　）　ばんごう（　　）　なまえ（　　　　　　　　　　）

◆①から④のゴールの中から１つをえらび、そこまでの行き方をせつめいしましょう。

<せつめい>

36 アレンジジェンカ

ジェンカの振り付けを自分やチームで考え、ジェンカをアレンジしながら踊る活動です。基本的なジェンカの踊り方（リズム・足の動き）を基にしながら、手をつけ加えたり体全体を動かしたりする工夫を考えるため、発想力と多様な感覚を養う機会となります。

準備するもの 教師：ワークシート

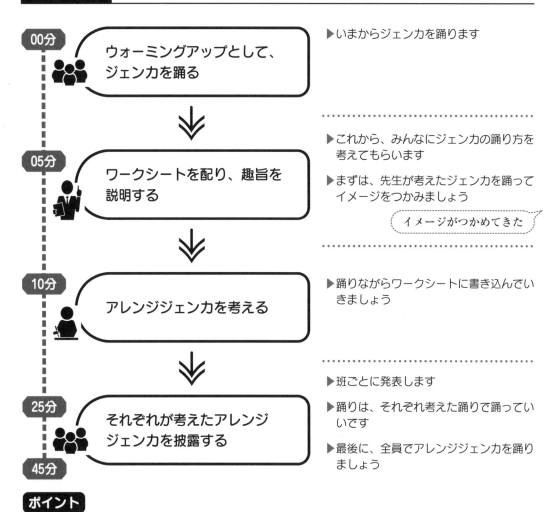

00分

ウォーミングアップとして、ジェンカを踊る

▶いまからジェンカを踊ります

05分

ワークシートを配り、趣旨を説明する

▶これから、みんなにジェンカの踊り方を考えてもらいます

▶まずは、先生が考えたジェンカを踊ってイメージをつかみましょう

イメージがつかめてきた

10分

アレンジジェンカを考える

▶踊りながらワークシートに書き込んでいきましょう

25分

それぞれが考えたアレンジジェンカを披露する

▶班ごとに発表します

▶踊りは、それぞれ考えた踊りで踊っていいです

▶最後に、全員でアレンジジェンカを踊りましょう

45分

ポイント

・個人で考えたあと、グループで話し合いながら一つの踊りを組み立てる方法もあります。

●**参考文献・先行実践**
文部科学省『小学校学習指導要領（平成29年告示）解説体育編』（文部科学省、2018年）
川上康則監修　『発達の気になる子の学校・家庭で楽しくできる感覚統合あそび』（ナツメ社、2015年）
『フォレスタネット Selection vol.5』（スプリックス、2019年）

アレンジジェンカ

くみ（　　）　ばんごう（　　）　なまえ（　　　　　　　　　　）

◆自分でジェンカのおどりを考え、「アレンジジェンカ」をつくりましょう。

ジェンカ	前半のうごき方	後半のうごき方	とくちょう
ふつうのジェンカ	右・右・左・左	前・後・前前前	足だけつかう
アレンジジェンカ①	右・右・左・左	前・後・前前前	手のうごきも入る
アレンジジェンカ②	左・左・右・右	後・前・後後後	ふつうのジェンカのうごきをはんたいにする

37 なわとびエクササイズ

BGMのリズムに合わせながら、数種類の縄跳び技で縄跳びをする活動です。自分ができる技の組み合わせで行うため、簡単な技でも達成感を味わう機会となります。

準備するもの 教師:ワークシート

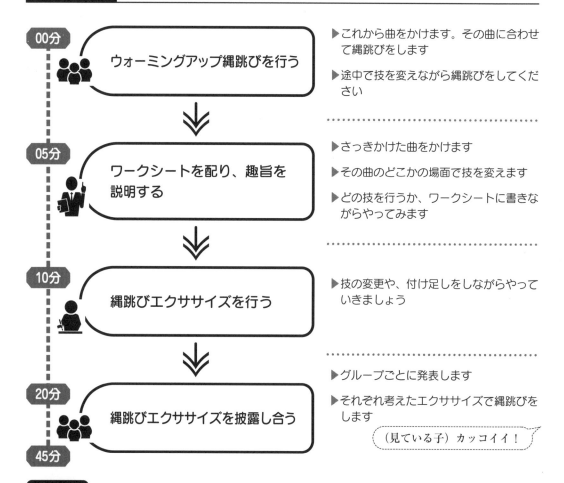

00分 ウォーミングアップ縄跳びを行う

▶これから曲をかけます。その曲に合わせて縄跳びをします

▶途中で技を変えながら縄跳びをしてください

05分 ワークシートを配り、趣旨を説明する

▶さっきかけた曲をかけます

▶その曲のどこかの場面で技を変えます

▶どの技を行うか、ワークシートに書きながらやってみます

10分 縄跳びエクササイズを行う

▶技の変更や、付け足しをしながらやっていきましょう

20分 縄跳びエクササイズを披露し合う

▶グループごとに発表します

▶それぞれ考えたエクササイズで縄跳びをします

（見ている子）カッコイイ！

45分

ポイント

・個人で選曲し、その曲の流れに合わせて技を披露する方法もあります。曲の例としては「勇気100%」などがあります。

・個人で考えたあと、グループで話し合いながら一つのエクササイズを組み立てる方法もあります。

●参考文献・先行実践
清水由『シンプルで子どもが伸びる体育の授業づくり』（明治図書出版、2011年）
三浦大栄・岩手体育学習会「楽しい体育の授業2015年10月号」（明治図書出版、2015年）

なわとびエクササイズ

くみ（　　）　ばんごう（　　）　なまえ（　　　　　　　　　　　　）

◆曲に合わせて、なわとびの技（わざ）を変（か）えながらエクササイズしましょう。

曲名	

＜技のなまえ＞　行（おこな）うじゅんにかきましょう。

① ＿＿＿＿＿＿＿＿＿＿＿＿＿＿＿＿＿＿＿＿

② ＿＿＿＿＿＿＿＿＿＿＿＿＿＿＿＿＿＿＿＿

③ ＿＿＿＿＿＿＿＿＿＿＿＿＿＿＿＿＿＿＿＿

④ ＿＿＿＿＿＿＿＿＿＿＿＿＿＿＿＿＿＿＿＿

⑤ ＿＿＿＿＿＿＿＿＿＿＿＿＿＿＿＿＿＿＿＿

⑥ ＿＿＿＿＿＿＿＿＿＿＿＿＿＿＿＿＿＿＿＿

38 こうえんのへび

頭と尻尾だけが描かれたへびの間の部分を描きます。まっすぐつなぐのではなく、ゆっくり丁寧に書くことで、描画の素地を養います。また、途中にある遊具を通ることで、一人ひとりが違った蛇を描くことができます。

準備するもの 教師:ワークシート　児童:色鉛筆

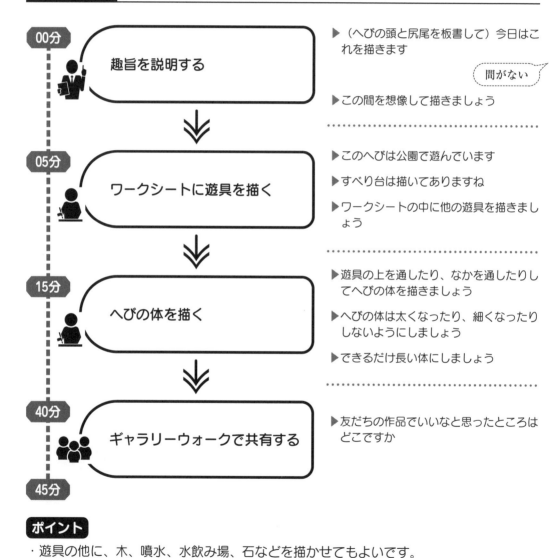

00分 趣旨を説明する

▶（へびの頭と尻尾を板書して）今日はこれを描きます

（間がない）

▶この間を想像して描きましょう

05分 ワークシートに遊具を描く

▶このへびは公園で遊んでいます

▶すべり台は描いてありますね

▶ワークシートの中に他の遊具を描きましょう

15分 へびの体を描く

▶遊具の上を通したり、なかを通したりしてへびの体を描きましょう

▶へびの体は太くなったり、細くなったりしないようにしましょう

▶できるだけ長い体にしましょう

40分 ギャラリーウォークで共有する

▶友だちの作品でいいなと思ったところはどこですか

45分

ポイント

・遊具の他に、木、噴水、水飲み場、石などを描かせてもよいです。

●参考文献・先行実践
酒井臣吾「CD-ROM付き決定版！酒井式エチュード＆シナリオ厳選23」（明治図書出版、2007年）

こうえんのへび

くみ（　　　）　ばんごう（　　　）　なまえ（　　　　　　　　　　）

◆こうえんであそんでいます。ゆうぐをかきましょう。

◆へびのからだをかきましょう。

39 何に変身するのかな

一枚の紙に描かれた絵が、だんだんと変身していきます。一体何に変身するのでしょうか。画用紙に２つの絵を描いて、関係性のある変身を考えたり、変身に至るまでのストーリーを考えたりして楽しむ活動です。

準備するもの 教師：画用紙、はさみ、ワークシート　児童：色鉛筆などの画材

00分 趣旨を説明し、例を見せる

▶この絵が変身します。一体何に変身するでしょうか。

何だろう？

あー！　バットが、ロケットになった！

05分 作り方の説明をする

▶画用紙を半分におります。真ん中まで切ります。扉の部分と、内側に絵をかきます

10分 設計図（ワークシート）を見ながら紙を切る

何の絵にしようかな

15分 扉と中面に絵を描く

▶早く終わった人は、変身するカードのお話を考えましょう

35分 グループになり交流する

▶完成した作品を友達と見せ合いましょう

▶変身のお話もしてあげてくださいね

45分

ポイント

- 教師が実際に作ったものを例として見せると、よりいっそう子どもの興味が高まります。
- 切り込みを入れる場所を増やしてめくる場所を増やすとより工夫できます。
- 内側の絵を描くときには、場所を確かめてから描くようにすると失敗が少なくなります。

何に変身するのかな

くみ（　　）　ばんごう（　　）　なまえ（　　　　　　　　　　　　）

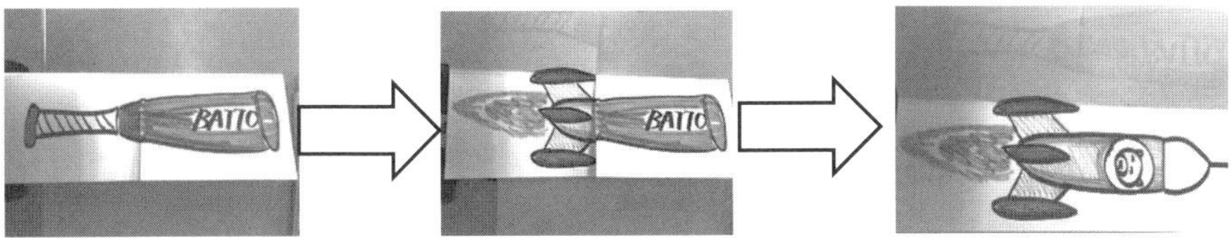

＜作り方＞

①画用紙を半分におります。

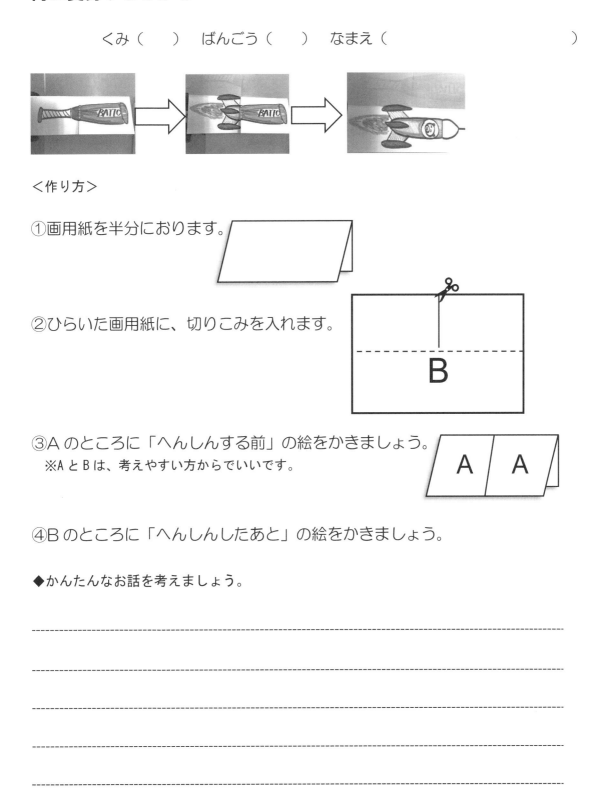

②ひらいた画用紙に、切りこみを入れます。

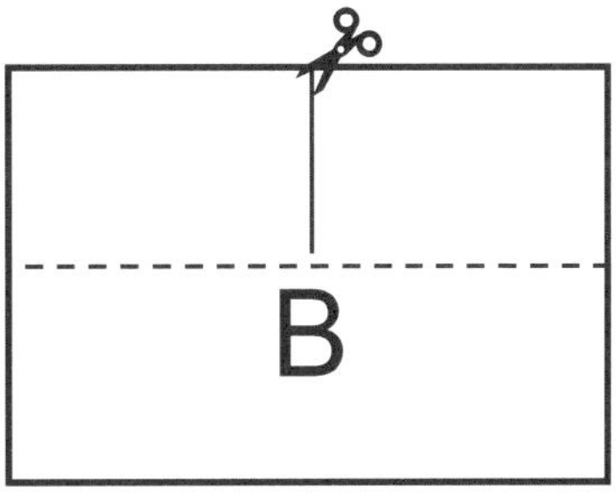

③Aのところに「へんしんする前」の絵をかきましょう。
※AとBは、考えやすい方からでいいです。

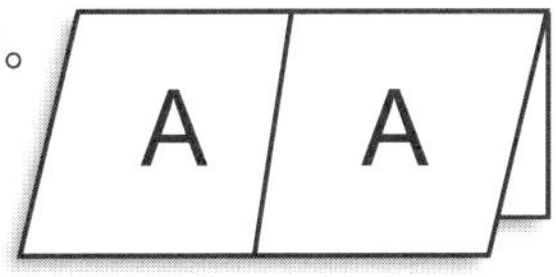

④Bのところに「へんしんしたあと」の絵をかきましょう。

◆かんたんなお話を考えましょう。

40 自分のいいところ賞状

「自分」に対して、いいところ（長所・強み）を探して自分に賞状を贈る活動です。自分自身を見つめ直し、もっている強みや持ち味を評価しながら取り組むことで、自己肯定感を高めたり自己受容感をもったりする機会となります。

準備するもの 教師:ワークシート　児童:色鉛筆

00分

ワークシートを配り、趣旨を説明する

▶今日は、「自分」に賞状を書いて贈ります

（自分に？）

▶自分のいいところを見つけて、それを賞状で表すのです

（何だか恥ずかしいな）

▶人それぞれいいところがあるから、恥ずかしいことなんかありませんよ

05分

賞状を作成する

▶必要なところを書いた人は、色を塗ったり絵を描いたりしながら仕上げましょう

35分

自分のいいところ賞状を発表する

▶では、順番に賞状を読み上げてもらいましょう

▶読み終わったら拍手してくださいね

45分

ポイント

・教師が準備した賞状様式ではなく、自分で賞状様式から作成したいと考える児童もいる場合、それを認めると、より一層前向きに取り組めます。

ひょうしょうじょう

________________________ さん

あなたのいいところは、____________

__________________________ です。

それをたたえ、ここに

[　　　　　　　　] 賞をおくります。

（似顔絵）

年　月　日

じぶんより

コラム ③

「まいにち哲学カレンダー」でラクイチ対話授業

　これからの道徳では、「考え、議論する」がキーワードになっています。これまでは、教科書を読んで、登場人物の気持ちになってみたり、先生の話を聞いたり…といった活動が中心でしたが、子どもたち一人ひとりがそのテーマについて「考える」こと、そして「議論する」ことが求められるようになりました。

「ああ、そんな道徳がラクイチで（＝準備なし、誰でも手軽に）できたらなあ…」そんな声が聞こえてきそうです。そこで、本ラクイチ授業研究会から提案したいのが「哲学対話」の手法を用いた授業です（「哲学対話」については、ここで詳しく説明するスペースがないので、下記の参考文献を読んでいただければと思います）。

　哲学対話を簡単に誰でも実践できるように作られた教材が『まいにち哲学カレンダー』（土屋陽介監修　イクタケマコト編著／学事出版）です。この日めくりカレンダーには１日１問の哲学的な問いが書かれています。その日の日付でも、道徳の教科書の単元と関連のあるテーマでも、１つ選んで「みんなで考えて話し合う」ことで、10分、20分…さらに深めていけば45分間の道徳授業ができます。右のワークシートに考えを書かせることで、評価のための参考資料を簡単に作ることもできます。

●『まいにち哲学カレンダー』（土屋陽介監修　イクタケマコト編著／学事出版）

※参考文献
土屋陽介　著『僕らの世界を作りかえる哲学の授業』（青春新書、2019年）
こども哲学おとな哲学アーダコーダ　著『こども哲学ハンドブック』（アルパカ、2019年）

テーマ

くみ（　　）　ばんごう（　　）　なまえ（　　　　　　　　　　）

◆じぶんのかんがえをかきましょう。

＜わたしのかんがえ＞

◆友だちのかんがえをきいてかきましょう。

＜　　　　　　　　＞さんのかんがえ	＜　　　　　　　　＞さんのかんがえ

◆友だちのかんがえをきいて、どうかんがえますか？

●「小学校ラクイチ授業プラン 低学年」執筆者（◎は執筆代表、勤務先は執筆時）

◎田中　直毅　滋賀県　高島市立高島小学校
三浦　大栄　岩手県　八幡平市立平舘小学校
永井　健太　大阪府　大阪市立磯路小学校
草野　　健　東京都　お茶の水女子大学附属小学校
栖田　智文　兵庫県　西宮市立上甲子園小学校
山本　将司　東京都　新宿区立落合第四小学校

実践提供：簾　大貴先生、久保田健祐先生（from フォレスタネット）

監　　修：関　康平　開智日本橋学園中学・高等学校
（ラクイチ授業研究会代表）

●本書に掲載のワークシートは、すべてダウンロードしてお使いいただけます。
Word データですので、アレンジが可能です。
「小学校ラクイチ授業プラン低学年」ダウンロード URL
http://www.gakuji.co.jp/rakuichi_shougakko_teigakunen

●フォレスタネット内「ラクイチ授業プラン」特設ページ
オリジナルの授業プランを閲覧＆投稿できます。詳細は56ページをご覧ください。
http://foresta.education/

●ラクイチシリーズ公式フェイスブックページ
http://www.facebook.com/rakuichi

ラクに楽しく１時間　小学校ラクイチ授業プラン 低学年

2020年３月13日　初版第１刷発行

編　著――ラクイチ授業研究会
発行者――安部英行
発行所――学事出版株式会社
〒101-0021　東京都千代田区外神田2-2-3
電話　03-3255-5471　　http://www.gakuji.co.jp

編集担当　戸田幸子　　編集協力　工藤陽子／島貫良多（フォレスタネット運営）
イラスト　イクタケマコト　装　　丁　精文堂印刷制作室／内炭篤詞
印刷製本　精文堂印刷株式会社

ISBN978-4-7619-2607-6　C3037